베스트 논술 한국대표문학 ㉓

분녀

이효석

SR&B(새로본닷컴)

김득신의 〈양반〉

〈베스트 논술 한국대표문학(전60권)〉을 펴내며

어린 시절의 독서는 평생의 이성과 열정을 보장해 줄 에너지의 탱크를 채우는 일입니다. 인생의 지표를 세울 수 있는 가장 믿을 만한 방법이기도 합니다.

새로 접하는 사물의 이치를 터득하려면 그 정보를 대뇌 속에 담는 프로그램이 마련되어 있어야 합니다. 그 프로그램을 구축하는 가장 효과적인 방법이 지속적인 독서입니다. 독서는 책과 나의 쌍방향적인 대화이며 만남이며 스킨십입니다.

그러나 단순한 독서만으로는 생각하는 힘과 정확히 표현하는 힘을 키울 수 없습니다. 〈베스트 논술 한국대표문학〉은 이에 유의하여 다음과 같이 편찬하였습니다.

① 초·중·고 교과서에 실린 고전 및 현대 문학 작품부터 〈삼국유사〉, 〈난중일기〉, 〈목민심서〉 등 우리의 정신을 일깨워 주고 우리에게 지혜와 용기를 준 '위대한 한국 고전'에 이르기까지 한 권 한 권을 가려 뽑았습니다.
② 각 권의 내용과 특성을 분석하여, '작가와 작품 스터디', '논술 가이드' 등을 덧붙여 생각하는 힘, 표현하는 힘을 키울 수 있도록 각 분야의 권위 학자, 논술 전문가들이 심혈을 기울였습니다.
③ 특히 현대 문학 부문은 최근 학계에서, 이 때까지의 오류를 바로잡아 정확한 텍스트를 확정한 것을 반영하였고, 고전 부문은 쉽고 아름다운 현대 국어로 재현하였습니다.
④ 각 작품에 관련된 작가의 고향을 비롯한 작품의 배경, 작품의 참고 자료 등을 일일이 답사 촬영하거나 수집·정리하여 화보로 꾸몄고, 각 작품의 갈피 갈피마다 아름다운 그림을 넣어, 작품에 좀더 친근감 있게 접근할 수 있도록 하였습니다.

이 〈베스트 논술 한국대표문학〉이 여러분이 '큰 사람', '슬기로운 사람'이 되는 데 충실한 밑거름이 되기를 바랍니다.

〈베스트 논술 한국대표문학〉 편찬위원회

이효석

이효석의 가족

이효석 상

 이효석 생가의 터 비

이효석의 생가 앞에
피어난 메밀꽃

이효석의 생가

이효석 문학관 가는 길

이효석 문학관 내부

이효석 문학관

봉평 장터

이효석이 사용하던 책상

이효석 문학비

차례

분녀

분녀

1

우리도 없는 농장에 아닌 때 웬일인가들 의아하게 여기고 있는 동안에 집채 같은 도야지는 헛간 앞을 지나 묘포*밭으로 달아온다. 산도야지 같기도 하고 마바리* 같기도 하여 보통 도야지는 아닌데다가 뒤미처 난데없는 호개 한 마리가 거위영장*같이 껑충대고 쫓아오니 도야지는 불심지가 올라 갈팡질팡 밭 위로 우겨든다. 풀 뽑던 동무들은 간담이 서늘하여 꽁무니가 빠져라 산지 사방으로 달아난다. 허구많은 지향 다 두고 도야지는 굳이 이 쪽을 겨누고 욱박아 오는 것이다.

분녀는 기급을 하고 도망을 하나 아무리 애써도 발이 재게 떨어지지 않는다. 신이 빠지고 허리가 휘는데 엎친 데 덮치기로 공칙히 앞에는 넓은 토벽이 막혀 꼼짝 부득이다.

옆으로 빗빼려고 하는 서슬에 도야지는 앞으로 왈칵 덮친다. 손가락

* **묘포** 모밭. 묘목을 기르는 밭.
* **마바리** 짐을 실은 말.
* **거위영장** 여위고 키가 크며 목이 긴 사람을 이르는 말.

하나 놀릴 여유도 없다.

육중한 바위 밑에서 금시에 육신이 터지고 사지가 떨어지는 것 같다. 팔을 옴짝달싹할 수 없고 고함을 칠래야 입이 움직이지 않는다.

분녀는 질색하여 눈을 떴다.

허리가 뻐근하여 몸이 통세난다.

문득 짜장 놀라서 엉겁결에 소리를 치나 소리는 나오지 않는다. 입 안에는 무엇인지 틀어막히고 수건으로 자갈이 물리어 있지 않은가. 손을 쓰려 하나 눌리었고 다리도 허리도 머리도 전신이 무거운 도야지 밑에 있는 것이다. 몸에 칼이 돋치기 전에는 이 몸도둑을 물리칠 수 없지 않은가.

어둠 속에서도 경풍할 변괴에 부끄러운 생각이 났다. 어머니 앞에서도 보인 법 없는 몸뚱이를 하고 옷으로 덮으려 하나 생각뿐이다. 어머니는, 하고 가까스로 고개를 돌리니 윗목에 누웠고, 그 너머로 동생의 코고는 소리가 들린다. 같은 방에 세 사람씩이나 산 넋이 있으면서도 날도둑을 들게 하다니 멀건 등신들이라고 원망할 수도 없는 것은, 된 낮일에 노그라져서 함빡 단잠에 취하여 있는 것이다. 발로 차서 어머니를 깨우고도 싶으나 발이 닿기에는 동이 떴다.

삼경이 넘었을까 밤은 막막하다. 열린 문으로는 바람 한 숨 없고 방 안이나 문 밖이 일반으로 까마득하다. 먼 하늘에는 별똥 하나 안 흐른다.

"원망할 것 없다. 둘만 알고 있으면 그만야. 내가 누구든 —— 아무에게나 다 마찬가진걸."

더운 날숨이 이마를 덮는다. 부스럭부스럭 하더니 저고리 고름을 올가미지워 매어 주는 눈치다.

간단하고 감쪽같다. 도둑은 흔적 없이 '훔칠 것'을 훔치고 능실하고*

---

* **능실하다** 자꾸 부드럽고 조금 가볍게 움직이다.

나가 버렸다.

몸이 풀리자 분녀는 뛰어일어나 겨우 입봉창을 빼기는 하였으나 파장 후에 소리를 치기도 객쩍다.

대체 웬 녀석인가. 뛰어나가 살폈으나 간 곳 없다. 목소리로 생각해보아도 알 바 없고, 맺혀진 옷고름을 만져 보는 건 뜻없다. 하늘이 새까맣다. 그 새까만 하늘이 부끄럽고 디딘 땅이 부끄럽고 어두운 밤을 대하기조차 겸연스럽다.

몸이 무시근하다*. 우물에서 물을 두어 두레 퍼올려 얼굴을 씻고 방에 들어가 등잔에 불을 켰다. 어둠 속에서 비밀을 가진 방 안은 밝을 때엔 천연스럽다. 땅 그 어느 한 구석이 무지러 떨어졌을 것 같다. 하늘의 별 한 개가 없어졌을 것 같다. 몸뚱이가 한 구석 뭉쳐 이지러진 것 같다. 반쪽 거울을 찾아들고 얼굴을 비추어 보았다. 코며 입이며 볼이며가 상하지 않고 제대로 있는 것이 도리어 신기하게 여겨졌다. 어차피 와야 할 것이겠지만, 그것이 너무도 벼락으로 급작스리 어처구니없게 온 것이 분녀에게는 알 수 없이 겸연스러웠다.

얼굴과 몸을 어루만지며 어머니의 잠든 양을 물끄러미 바라보려니 별안간 소름이 끼치며 가슴이 떨린다. 무서운 생각이 선뜻 들며 어머니를 깨우고 싶다. 그러나 곤한 눈을 멀뚱하게 뜨고 상기된 눈방울로 이쪽을 바라보는 것을 보면 분녀는 딴소리밖엔 못하였다.

"새까맣게 흐린 품이 천둥하고 비 올 것 같으우."

묘포 감독 박추의 짓일까? 데설데설하며* 엄부렁한* 품이 아무 짓인들 못 할 것 같지 않다. 계집아이들 틈에 끼여 인부로 오는 명준의 짓일

＊**무시근하다** 무지근하다. 기분이나 머리가 띵하고 무엇에 눌린 듯 무겁다.
＊**데설데설하다** 털털하여 자상하지 못한 성질이 있다.
＊**엄부렁하다** 속은 비고 겉의 부피만 크다. 엄벙부렁하다.

까? 눈질이 영매스러운 것이 보통 아이는 아니나, 워낙 집안이 억판인 까닭에 일껏 들어간 중등학교도 중도에서 퇴학하고 묘포 인부로 오는 것이 가엾긴 하다. 그러나 그리고 터놓고 을러멨다고 하면 응낙할 수 있었을까. 군청 사동* 섭춘이나 아닐까? 한길에서도 소락소락 말을 거는 쥐알봉수*. 그 초라니*라면 치가 떨려 어떻게 하나.

잠을 설궂혀 버린 분녀는 고시랑고시랑 생각에 밤을 샜다. 이튿날은 공교로이 궂은 까닭에 비를 칭탈하고 일을 쉬고, 다음 날 비로소 묘포로 나갔다. 같은 생각이 머릿속에 뱅돌아 사람을 만나기가 여간 겸연쩍지 않다. 사람마다 기연미연 혐의를 걸어 보기란 면란스런 일이었다.

하늘이 제대로 개이고 땅이 이지러지지 않은 것이 차라리 시뻐스럽다.

천지는 사람의 일신의 괴변쯤은 익지 않은 과실이 벌레에게 긁힌 것만큼 대수롭게 여기지 않는 모양이다. 하긴 다행이지, 몸의 변고가 일일이 하늘에 비치어진다면 기분이, 순야, 옥녀, 모든 동무들에게 그것이 알려질 것이요, 그들의 내정도 역시 속 뽑힐 것이다. 이런 생각이 들자, 별안간 그들은 대체 성할까 하는 의심이 불현듯이 솟아오르며 천연스러운 얼굴들이 능청스럽게 엿보였다.

박추와 명준에게만은 속내를 들리운 것 같아서 고개가 바로 쳐들리지 않았다. 다시 살펴도 가잠나룻이 듬성한 검센 박추. 거드름 부리는 들대밑. 이 녀석한테 당하였다면 이 몸을 어쩌노? 잠자코 풀 뽑는 무죽한 명준이, 새침한 몸집 어느 구석에 그런 부락부락한 힘이 들어 있을꼬? 사람은 외양으론 알 수 없다. 마치 그것이 명준이요, 적어도 명준이었으면 하는 듯이 이렇게 생각은 하나, 면상과 눈

---

* **사동**(使童) 관청이나 회사 따위에서 잔심부름을 하는 아이.
* **쥐알봉수** 잔꾀가 많고 약은 사람을 놀림조로 이르는 말.
* **초라니** 하회 별신굿 탈놀이에 등장하는 인물의 하나. 여기서는 가볍고 방정맞은 성격을 지닌 사람을 일컬음.

하회 별신굿

치로는 그가 근지 누가 근지 도무지 거니챌 수 없다. 이러다가 평생 그 사람을 모르고 지나지나 않을까.

맡은 땅의 풀을 뽑고 난 명준은 감독의 분부로 이깔 포기에 뿌릴 약제를 풀어 무자위로 치기 시작하였다. 한 손으로 물을 뿜으며 다른 손으로 물줄기를 흔들다가 고무줄이 빗나가는 서슬에 푸른 약물이 옥녀의 낯짝을 쏘았다. 옥녀는 기습을 하여 농인 줄만 알고 '저 녀석 얼뜨개같이 해 가지고 요새 무슨 곡절이 있어.' 하고 쏘아붙인다. 명준은 픽 웃으며 마침 손이 빈 분녀에게 고무줄을 쥐어 주고 뿌려 주기를 청하였다. 두 사람이 한 무자위로 협력하게 되자 옥녀는 더 말이 없었다.

통의 것을 다 쳤을 때 다시 물을 길을 양으로 분녀는 명준의 뒤를 따라 도랑으로 내려갔다. 도랑은 풀이 가리어 밭에서 보이지 않는다. 명준은 손가락으로 물탕을 치며 낯이 부드럽다.

"일하기 되지 않니?"

대번에 농조로,

"너 어떤 놈에게로 시집가련? 박추한테라도."

"미친 것 다따가."

"시집 갔니, 안 갔니?"

관자놀이가 금시에 빨개진 것을 민망히 여겨 곧 뒤를 이었다.

"평생 시집 안 갈 테냐?"

"망할 녀석."

"난 이 고장에서 없어지겠다. 살 재미 없어. 계집애들 틈에 끼여 일하기도 낯없다*. 일한대야 부모를 살릴 수 없고 잡단 세금도 못 물어 드잡이*를 당하는 판이 아니냐. 이까짓 고향 고맙잖어. 만주로 가겠다. 돌아다니며 금광이나 얻어 보련다. 엄청난 소리지. 그러나 사람

＊ 낯없다 마음에 너무 미안하고 부끄러워 남을 대할 면목이 없다.
＊ 드잡이 서로 머리나 멱살을 움켜잡고 싸우는 짓.

의 운수를 알 수 있니?"

"정말 가겠니?"

"안 가고 무슨 수 있니? 이까짓 쪽쟁이 땅 파야 소용 있나. 거기도 하늘 밑이니 사람이 살지 설마 짐승만 살겠니?"

물을 나르고 다시 도랑으로 내려왔을 때 명준은 다따가 분녀의 팔을 잡았다.

"금덩이를 지고 올 때까지 나를 기다려 주련?"

눈앞에 찰락거리는 명준의 옷고름이 새삼스럽게 눈에 뜨이자 분녀는 번개같이 정신이 번쩍 들었다. 끝을 홀켜맨 고름이 같은 꼴의 제 옷고름과 함께 나란히 드리운 것이다.

"네 짓이었구나."

분녀는 짧게 외치고 고개를 떨어뜨렸다.

"언제까지든지 나를 기다리고 있으련?"

박추의 소리가 나자 두 사람은 날쌔게 떨어져 밭으로 갔다. 분녀는 눈앞이 아찔하며 별안간 현기증이 났다.

그뿐, 명준은 다시 묘포밭에 나타나지 않았다. 다음 날도 다음다음 날도. 며칠 후에 짜장 만주로 내뺐다는 소문이 들렸다. 분녀는 마음이 아득하고 산란하여 일을 쉬는 날이 많았다.

2

분녀는 그렇게 눈떴다.

인생의 고패를 겪은 지 이태에 몸은 활짝 피어 지난 비밀의 자취도 어스레하다. 껍질에 새긴 글자가 나무가 자람을 따라 어느 결엔지 형적이 사라진 격이다.

이제 아닌 때 별안간 불풍나게 두 번째 경험을 당하려고 하는 자리에 문득 옛 생각이 떠오르지 않을 수 없었다. 흐르는 향기같이 불시에 전신을 휩싼다. 피가 끓으며 세상이 무섭고 가슴이 두근거리며 손가락이 떨린다. 물동이를 깨뜨린 때와도 같이 겁이 목줄을 조인다. 대체 어떻게 하여서 또 이 지경에 이르렀나 생각하면 눈앞이 막막하다.

거리에 자주 삐쭉거린 것이 잘못일까? 만갑이에게는 어찌 되어 이렇게 허룸하게 보였을까. 돈도 없으면서 가게에 들어가서 이것저것 탐내는 것부터 틀렸다. 집안이 들구날 판에 든 벌의 옷도 과남한데 단오빔은 다 무엇인가? 돈 있는 사람들의 단옷놀이지 가난한 멀떠구니의 아랑곳인가? 이 곳 질쑥 저 곳 기웃 하며 만져 보고 물어 보고 눈을 까고 한숨 쉬고 하는 동안에 엉뚱한 딴꾼에게 온전히 깐보이고 감잡히었다. 만갑이는 가게에 사람이 빈 때를 가늠보아 미처 겨를 사이도 없게 몸째 덜렁 떠받들어 뒷방에 넣고 안으로 문을 잠근 것이다.

부락스러운 꼴이 사내란 모두 꿈에서 본 도야지요 엉큼한 날도둑이다. 훔친 뒤에는 심드렁하다.

"가지고 싶은 것을 말해 봐. —— 무엇이든지 소용되는 대로 줄게."

"욕을 주어도 분수가 있지 사람을 어떻게 알고 이 수작이야."

분녀는 새삼스럽게 짜증을 내며 보기 좋게 볼을 올려붙였다. 엄청난 짓을 당하면서 심상한 낯을 지닐 수도 없고 그렇게라도 할 수밖에 없었다.

"미워 그랬나?"

"몰라, 녀석."

쏘아붙이고는 팔로 눈을 받치고 다따가 울기 시작하였다. 사실 눈물도 나왔다. 첫번에는 겁결에 울기란 생각도 안 나던 것이 지금엔 눈물이 솟는 것이다. 그 무엇을 잃은 것 같다. 다시 찾을 수 없을 것 같다. 안타까운 생각에 몸이 떨린다.

"울긴 왜, 사람은 다 그런 것이야. —— 단오에 들 것 한 벌 갖추어 줄게."

머리를 만지다 어깨를 지긋거리면서,

"삽삽하게만 굴면야 이 가게라도 반 나눠 줄걸."

가게에 인기척이 나는 까닭에 분녀는 문득 울음을 그쳤다. 부르다 주인의 대답이 없으니 사람은 나가 버렸다. 만갑이는 급작스럽게 말을 이었다.

"여편네가 중풍으로 마저마저 거꾸러져 가는 판이니 그렇게만 된다면야 나는 분녀를 새로 맞어다 가게를 맡길 작정인데 뜻이 어떤가?"

울면서도 분녀는 은연중 귀를 솔곳하고 있었다.

"잘 생각해 볼 일이야."

듬짓이 눌러 놓고 만갑이는 한 걸음 먼저 방을 나섰다. 손님을 보내기가 바쁘게 방문을 빼꼼히 열고 불러냈다.

"이것 넣어 둬."

소매 속에다 무엇인지를 털어넣어 주는 것이다. 분녀는 어안이벙벙하였다.

집에 돌아와 소매 갈피를 헤치니 지전 한 장이 떨어졌다. 항용 보던 것보다는 훨씬 넓고 푸르다. 과남한 것을 앞에 놓고 분녀는 적이 마음이 느근하였다. 군청 관사에 아침저녁으로 식모로 가서 버는 한 달 월급보다 많다. 월급이라야 단돈 사 원으로는 한달 요의 보탬도 못 된다. 화세로 얻어부치는 몇 떼기의 밭을 그래도 어머니와 동생이 드세게 극성으로 가꾸는 덕에 제철의 곡식이 요를 도우니 말이지, 그것도 없다면야 분녀의 월급만으로는 코에 바를 나위도 없을 것이다.

왼곳에 가 있는 오빠가 좀더 온전하다면 집안이 그처럼도 군색하지는 않으련만, 엉망인 집안에 사람조차 망나니여서 이웃 고을 목탄조합에 가 있어 또박또박 월급생애를 하면서도 한푼 이렇다는 법 없었다. 제 처신이나 똑바로 하였으면 걱정이나 없으련만, 과당하게 건들거리다 기어이 거덜나고야 말았다. 늦게 배운 오입에 수입을 탕갈하다 나중에 공금에까지 손찌검을 한 것이다. 탄로되었을 때에는 오백 소수나 감쳐 낸 뒤였다. 즉시 그 고을 경찰에 구금되었다가 검사국으로 넘어간 것은 물론이어니와, 신분 보증을 선 종가에 배상액을 빗발같이 청구하므로 종가에서는 펏질 뛰어들어 야기를 부리는 것이다. 집안은 망조를 만난 듯이 스산하고 을씨년스럽다.

불의의 수입을 앞에 놓고 분녀는 엄청나고 대견하였다. 어떻게 했으면 옳을까? 집안일에 보태자니 빛없고, 혼잣일에 쓰자니 끔찍하고 불안스럽다. 대체 집안 사람들에게는 출처를 어떻게 말하면 좋을까? —— 관사에서 얻어내 왔다고 해서 곧이들을까? 가난에 과남은 도리어 무서운 일이다.

왈칵 겁도 났다. 술집 계집이나 하는 짓이 아닌가. 집안 사람도 집안 사람이려니와 명준에게, 상구에게 들 낯이 있는가. 설사 만주에는 가 있다 하더라도 첫몸을 준 명준이가 아닌가. 그야말로 불시에 금덩이나 짊어 지고 오면 어떻게 되노?

그러나 명준이보다도 당장 날마다 만나게 되는 상구에게 대하여서는 어떻게 한단 말인가. 확실히 그를 깔보고 오기는 했다. 그렇기 때문에 벌써 피차에 정을 두고 지낸 지 반 년이 넘는데도 몸 하나 까딱 다치지 못하게 하여 왔다.

그역(그 역시) 몸은 다칠 염도 하지 않았다. 그러나 그는 깔중보일 인금인가. 명준이같이 역시 눈질이 보통 재물은 아니다. 학교도 같은 학교나 명준이같이 중도에서 폐학할 처지도 아니요, 그것을 마치고는 서울 가서 웃학교를 치를 생각이라니, 그렇게만 된다면야 취직도 한층 높아 고을 학교만을 졸업하고 삼종 훈도로 나가거나 조합 견습생으로 뽑히는 것과는 격이 다르다. 다만 세월이 너무 장구한 것이 지리하다. 지금 학교를 마치재도 이태, 웃학교까지 필함은 어느 천 년일까. 그 때까지에는 집안은 창이 날 것이다. 몸까지 허락하면 일이 됩데(도리어) 틀어질 것 같아서 언약만 하여 놓고 손가락 하나 까딱하지 못하게 한 것이다. 상구 역시 그것을 원하지 않았고 공부에 유난스럽게 힘을 들이는 모양이다. 그러는 동안에 이 꼴이 되고 말았다.

허랑한 몸으로 상구를 어찌 대하노? 그렇다고 그를 당장에 단념할 신세도 못 되고, 지은 죄를 쏟아 놓고 울고 뛸 수는 더욱 없는 것이다.

생각과 겁과 부끄러움에 분녀는 정신이 섞갈린다*.

3

학교가 바쁜지 여러 날이나 상구를 만날 수 없다. 눈앞에 면대하지 않으니 겁도 차차 으스러지고 도리어 마음은 허랑하게 만든다.

실상은 다음 날로라도 곧 가려 하였으나 겸연쩍은 마음에 그럴 수도 없어 며칠은 번졌다. 그 날 부랴부랴 그 곳을 나오느라고 만갑이 가게에 물건을 잊어 둔 것이다. 물건도 물건 공칙히* 손에 걸치는 옷가지인 까닭에 안 찾을 수도 없고 밤이 이슥하기를 기다려 분녀는 조심스러이 거리로 나갔다.

한길에는 사람들이 듬성듬성하다. 전과는 달리 한결 조물거리는 마음에 사방을 엿보며 가게로 들어가자 기다리고 있던 듯이 만갑이는 성큼 뛰어나온다.

"올 사람도 없을 듯하군."

밀창을 드르렁드르렁 밀고 휘장을 치고 가게를 닫는 것이다.

"곧 갈 텐데."

"눈어림만 했더니 맞을까."

---

* 섞갈리다 갈피를 잡지 못하게 여러 가지가 뒤섞이다.
* 공칙하다 공교롭게 잘못되다

골방문을 냉큼 열더니 만갑이는 상자를 집어낸다. 덮개를 여니 뾰족한 구두. 새까만 광채에 분녀는 눈이 어립다.

팔을 나꾸어 쪽마루로 이끈다.

분녀는 반갑기보다도 무섭다.

"그까짓 구두쯤."

불 하나를 끄니 가게 안은 어둑스레하다.

만갑이는 마루에 걸터앉자 강잉히 팔을 잡아끈다. 뿌리치고 빼다가 전봇대 모서리에서 붙들렸다.

"손가락 겨냥 좀 해 볼까."

우격으로 끌린다.

마루에 이르기 전에 만갑이는 날쌔게 남은 등불을 마저 죽여 버렸다.

어두운 속에서 분녀는 씨름꾼같이 왈칵 쓰러졌다. 더운 날숨이 목덜미를 엄습한다. 굵은 바로 얽어매인 것같이 몸이 가쁘다.

"미친 것."

즐겨서 들어온 것은 아니나 굳이 거역할 것이 없는 것은, 몸이 떨리기는 하나 거듭하는 동안에 마음이 한결 유하여진 것이다. 무엇보다도 어둠에는 눈이 없는 까닭에 부끄러운 생각이 덜하다.

별안간 밀창을 흔드는 인기척에 달팽이같이 몸이 움츠러들었다. 시치미를 떼려던 만갑이는 요란한 소리에 잠자코 있을 수 없어 소리를 친다.

"천수냐?"

하는 수 없이 문을 여니 천수가,

"야단났어요."

어느 곁엔지 들어와서,

"병환이 더해서 댁에서 곧 들어오시라구요."

"더하다니!"

"풍이 나서 사람을 몰라봐요."

"곧 갈게 어서 들어가."

천수가 약삭빠르게 불을 켜는 바람에 분녀는 별수없이 어지러운 꼴을 등불 아래 드러냈다. 움츠러들며 외면하였으나 천수의 눈이 등에 와 붙은 것 같다.

"녀석, 방정맞게."

만갑이의 호통에보다도 천수는 분녀의 꼴에 더 놀랐다.

이튿날 상구가 왔다.

임시 시험이라고는 칭탈하나 5월도 접어들지 않았는데 모를 소리였다. 어떻든 그를 만나기는 퍽도 오래간만이다. 거의 하루 건너로 찾아오던 것이 문뜩 끊어지더니 마침 두 장도막*을 넘긴 것이다. 하기는 전 모양(전처럼) 그 모양 지닌 책보도 전의 것대로였다. 다만 얼굴이 좀 그을었고 눈망울이 그 무슨 먼 생각에 멀뚱하다.

필연코 곡절이 있으련만 —— 그것을 꼬싯꼬싯 묻기에 분녀는 심고를 하며 상구의 말과 눈치가 될 수 있는 대로 자기의 일신의 변화 위에 떨어지지 않도록 발뺌을 하느라고 애를 썼다. 속으로는 상구한테서 정이 벌써 이렇게 떴나 하고 궁리 다른 제 심정을 아프고 민망하게도 여겼다. 거짓 없는 상구의 입을 쳐다보기도 죄망스럽다.

"시골 학교 재미 적다. 서울로나 갈까 생각하는 중이다."

새삼스런 소리에 분녀는 의아한 생각이 나서,

"아무 델 가면 시험 없나? 뚱딴지같이 다따가 서울은 왜."

"조사가 심해서 책도 맘대로 읽을 수 없어. 책권이나 뺏겼다. 서울 가면 책도 소원대로 읽을 거, 동무들도 흔할 거."

"책 책 하니 학교책이나 보면 됐지 밤낮 무슨 책이야."

＊ 장도막 장날과 장날 사이의 동안.

책보를 끌러 활짝 헤치니 교과서 아닌 몇 권의 책이 굴러나왔다. 영어책도 아니요 수학책도 아니요, 그렇다고 소설책도 아닌 붉으칙칙한 껍질의 두꺼운 책들이다. 분녀는 전부터도 약간은 상구가 그러스럼한 책을 읽고 있는 것과 그것이 무슨 속인가를 짐작하여 행여나 하는 의심을 품고 오기는 왔다.

"집에 두면 귀찮겠기에 몇 권 추려 가져왔다. 소용될 때까지 간직했다 주렴."

"주제넘게 엉큼한 수작하다 망할 장본이야. 까딱하다 건수, 윤패 꼴 되려구."

"함부로 지껄이지 말어. 쥐뿔도 모르거든."

상구는 눈을 부르댔다.

"너 요새 수상하더라, 태도가 틀렸지."

소리를 치며 책을 냉큼 들어 분녀의 볼을 갈긴다.

"어떻게 알고 그런 주제넘은 대꾸야."

돌리는 얼굴을 또 한 번 갈기다가 문득 고름 끝에 옭아맨 반지를 보았다.

"웬 거야?"

잡아채이니 고름이 떨어진다. 상구는 금시에 눈이 찢어져 올라가며 불이라도 토할 듯 무섭게 외친다.

"어느 놈팽이를 웃어붙였니? 개차반, 천보."

머리채가 휘어잡혔다. 볼이 얼얼하고 이빨이 솟는 듯하나 분녀는 아무 대답 없다. 모처럼의 기회에 차라리 죽지가 꺾이게 실컷 맞고 싶다. 미안한 심사가 약간이라도 풀려질 것 같다.

"숫제 그 손으로 죽여 주었으면."

실토였다. 눈물이 솟는다.

"큰 것 죽이지 네까짓 것 죽이려 생겨났겐."

결착을 내려는 듯이 몸째 차 박지르고 상구는 훌쩍 나가 버렸다.

어쩐지 마지막 일만 같아 분녀는 불현듯이 설워지며 공연히 그를 설굿친 것을 뉘우쳤다.

저녁때 밭에서 돌아오기가 바쁘게 어머니는 황당하게 설렌다.

"들었니? 상구 말이다."

분녀의 얼굴에는 아직도 눈물 자국이 부숙부숙한 채로다.

"요새 더러 만나봤니? 이상한 눈치 보이지 않던……? 들어갔단다."

"예? 언제요?"

분녀는 눈이 번쩍 뜨인다.

"망간 거리에서 소문 듣고 오는 길이다. 윤패, 건수들과 한 줄에 달릴 모양이다. 사람 일 모르겠다."

"낮쯤 와서 책까지 두고 갔는데요."

"낌새채고 하직차로 왔었나 보다. 멀건 소소리 패들과 휩쓸려 지내더니 아마도 그간 음특한 짓을 꾸민 게야."

"눈치가 이상은 하였으나 그렇게까지 되다니요."

사실 분녀는 거기까지는 어림하지 못하였다. 아까 상구와 끝내 말다툼까지 하다 그의 심사를 설굿치게 된 것도 실상은 그의 말이 전과는 달라 수상하게 나온 까닭이었다.

"녀석들의 언걸입었거나 그렇지 않으면 철모르고 새롱새롱 덤볐거나 한 게야. 사람은 겉볼 안이 아니구먼. 이 일을 어쩌노."

어머니로서는 공연한 걱정이었다.

"웃학교는 애시당초 틀렸지. 초라니 같은 것, 사람 잘못 가렸어."

슬그머니 딸을 바라본다. 분녀의 얼굴은 안온한 것도 같고 아득한 것도 같다.

"사람과 생각이 다른 것야 하는 수 없지요."

"넌 어떻게 생각하느냐 말이다. 분하지 않느냐?"

"분하긴요."

먼숙한 얼굴을 은연중 바라보며 어머니는 은근한 목소리로,

"너희들 그간 아무 일 없었니?"

분녀는 부끄러운 뜻에 화끈 얼굴이 달며 착살스런 어머니의 눈초리에서 외면하여 버렸다.

"있었다면 탈이다."

수삽스러운 생각에 어머니가 자리를 뜬 것이 얼마나 시원한지 알 수 없다. 어머니에게 대하여서보다도 애매한 상구에게 대하여 더 부끄럽다. 일신이 별안간 더럽고 께끔하다. 어쩐지 어심아하여 밤이 늦었을 때 분녀는 골목에 나갔다. 남문거리에 가서 한모퉁이에 서기만 하면 웬만한 그 날 소식은 거의 귀에 들려온다. 한길 복판 게시판 옆에 두런두런 모여서들 지껄지껄하는 속에서 분녀는 영락없이 상구의 소문을 가달가달 훔쳐낼 수 있었다.

건수가 괴수였다. 모여서 글 읽는 패를 모으려다가 들킨 것이다. 학교에서는 상구 외에도 두 사람, 거리에서는 건수와 윤패네 세 사람. 상구가 건수에게서 책을 빌렸을 뿐이나 집을 속속들이도 수색당하고 학교에서는 나오는 대로 퇴학을 맞을 것이다.

상구도 이제는 앞길이 글렀구나 생각하면서 분녀는 발을 돌렸다. 이렇게 될 것을 예료하고 그를 숨기고 허랑하게 처신을 하여 온 것 같아 면목없고 언짢다.

집에 돌아오니 상구의 두고 간 책이 유난스럽게 눈에 띤다. 그립기보다도 도리어 책망하는 원혼같이 보여서 쓸어들고 아궁 앞으로 내려갔다.

"차라리 태워 버리는 것이 글거리가 남잖아 피차에 낫지."

불을 그어 대니 속장부터 부싯부싯 타기 시작한다. 먹과 종이 냄새가 나며 두꺼운 책이 삽시간에 불덩이가 된다. 어두운 부엌 안이 불길에

환하다. 상구와는 영영 작별 같다. 악착한 것 같아 분녀는 눈앞이 어질어질하다.

4

날을 지남을 따라 무겁던 마음도 차차 홀가분하여지고 상구에게 대하여 확실히 심드렁하게 된 것을 분녀는 매정한 탓일까 하고도 생각하였다. 굴레를 벗은 것같이 일신이 개운하다. 매일 곳 없으며 책할 사람 없다고 느끼는 동안에 마음이 활짝 열려져 엉뚱한 딴사람으로 변한 것 같다.

어느 날 저녁 느직하게 돼지 물을 주고 우리에 의지하여 하염없이 들여다보고 있을 때 문득 은근한 목소리에 주물트리고 돌아서니 삽짝문 어귀에 사람의 꼴이 어뜩한다. 홀태 양복을 입고 철 잃은 맥고를 쓴 것이 갈데없는 만갑이다. 혹시 집안 사람에게라도 들키면 하고 밖으로 손짓하며 뛰어갔다.

"동문 밖까지 와 줄 텐가. 성 밑에 기다리고 있을게."

만갑은 외면하여 돌아서며 다짜고짜로 부탁이다.

"의논할 일이 있어. 안 오면 낭패야."

대답할 여지도 없게 다짐하고는 얼굴도 똑똑히 보이지 않고 사람의 눈을 피하는 듯이 휙 가 버린다. 어둠 속에 달아나는 꼴이 어렴칙하다. 약바른 꼴이 믿음직은 하나 너무도 급작스러워서 분녀는 미심하게 뒷모양을 바라본다. 여편네 병이 위중한가.

방에 돌아와 망설이다가 행티가 이상한 까닭에 담보를 내서 가 보기로 하였다. 물론 그에게는 그만큼 마음이 익은 까닭도 있었다.

동문을 나서니 벌판이 까마아득하고 늪이 우중충하다. 오 리 밖 바다가 보이는지 마는지. 달없는 그믐밤이 금시에 사람을 호릴 듯하다.

길없는 둔덕으로 들어서 성곽 밑으로 다가서기가 섬뜩하고 께름하다. 여우에게 홀리는 것은 이런 밤일까. 여우보다는 사람에게 홀리는 것이 그래도 낫겠지 하는 생각에 문득 납작 붙은 만갑을 발견하였을 때에는 차라리 반가웠다.

사내는 성큼 뛰어와 날쌔게 몸을 끌었다. 무서운 판에 분녀는 뿌듯한 힘이 믿음직하여 애써 겨르려고도 하지 않고 두 팔에 몸을 맡겨 버렸다.

"분녀."

이름을 부를 뿐 다른 말도 없이 급작스리 허리를 조이더니 부락스럽게 밀친다.

"다짜고짜로 개처럼 무어야, 원."

분녀는 세부득 쓰러지면서 게정거리나 어기찬 얼굴이 입을 덮는다. 팔이 떨리며 몸짓이 어색하다.

"말이 소용 있나."

목소리에 분녀는 웅끗하였다.

"녀석 누구야?"

소리를 지르나 입이 막힌다.

"만갑인 줄만 알았니. 어수룩하다."

"못된 것 각다귀."

손으로 뺨을 하나 올려쳤을 뿐 즉시 눌려 꼼짝할 수도 없다.

"듣지 않을 듯해서 감쪽같이 만갑이로 변해 보았다. 계집을 속이란 여반장이야. 맥고 쓰고 홀태 양복만 입으면 그만이니."

천수도 사내라 당할 수 없이 빡세다.

"딴은 만갑이와 좋긴 좋구나. 여기까지 나오는 것 보니 녀석도 여편네는 마저마저 거꾸러지는데 말 아니야. 물건을 낚시 삼아 거리의 계집애들 다 망쳐 놓으니."

천수의 심술은 생각할수록 괘씸하였으나 지난 후에야 자취조차 없으니 하릴없는 노릇이다. 마음 속에 담고 있을 뿐 호소할 곳도 없으며 물론 말할 곳도 없다. 그러나 이상하게도 날이 지날수록 괘씸한 마음은 차차 스러져 갔다.

어차피 기구하게 시작된 팔자였다. 명준이 때나 천수 때나 누구인 줄도 모르고 강박으로 몸을 맡겼다. 당초에 몸을 뜯고 울고 하였으나 지금 와 보면 명준이나 천수나 만갑이까지도…… 다 같다. 기운도 욕심도 감동도 사내란 사내는 다 일반이다. 마치 코가 하나요 팔이 둘인 것같이 뛰어나지 못한 사내도 없고, 몸을 가지고만 아는 한정에서는 그 누구가 굳이 싫은 것도 무서운 것도 없다. 명준에게 준 몸을 만갑에게 못줄 것 없고, 만갑에게 허락한 것을 천수에게 거절할 것이 없다.

다만 부끄러울 뿐이다. 벗은 몸을 본능적으로 가리게 되는 것과 같은 심정으로 그것은 여자의 한 투다.

문만 들어서면 세상의 사내는 다 정답다. 천수를 굳이 괘씸히 여길 것 없다.

분녀는 이렇게까지 생각하게 되었다. 마음이 허랑하여졌다고 할까. 확실히 새 세상을 알기 시작한 후로 심정이 활짝 열리기는 열렸다. 아무리 마음 속을 노려보아도 이렇게밖엔 생각할 수 없다. 천수를 안 된 놈이라고만 칭원할 수 없다.

정신이 산란하여 몸이 노곤하다. 살림은 나아지는 법 없고 일반인데다가 어느 날 또 발등에 불이 떨어졌다. 이웃 고을 재판소에서 검사국으로 넘어갔던 오빠의 재판이 열리는 것이다. 조합 당사자들에게 호출이 왔을 것은 물론이나 경찰에서 참량하여 집에도 통지가 왔다. 들어간 후로는 꼴을 본 지도 하도 오랜 까닭에 어머니만이라도 참여하여 징역으로 넘어가기 전에 단 눈보기만이라도 하였으면 하나, 재판을 내일같이 앞두고 기차로 불과 몇 시간이 안 걸리는 곳인데도 골육을 보러 갈

노자가 없는 것이다. 어머니는 딸을, 딸은 어머니를 쳐다만 보며 종일 동안 궁싯거릴 뿐이다.

생각다 못해 분녀는 밤늦게 거리로 나갔다. 만갑이밖엔 생각나는 것이 없다. 통사정하면 물론 되기는 될 것이다. 말하기가 심히 거북하여서 주저될 뿐이다.

휑드렁한 가게에는 그러나 만갑의 꼴은 보이지 않는다. 구석에 박혀 있던 천수가 빈중빈중 웃으며 나올 뿐이다.

"만갑이 보러 왔니? 온천으로 놀러 갔다."

위인이 없다면 말도 할 수 없기에 얼빠진 것같이 우두커니 섰노라니 천수는 민망한 듯이 덜미를 친다.

"요전 일 노엽니?"

뒤를 이어,

"무슨 일인지 내게 말하렴. 났으니 말이지 만갑이에게 말해도 소용없을 줄이나 알아라. 네게서 벌써 맘 뜬 지 오래야. 요새는 남도집 월선이와 좋아서 지내는 모양이더라. 여편네 병은 내일내일 하는데."

분녀는 불시에 뒤통수를 얻어맞은 것 같다. 눈앞이 아득하다.

"가게라도 반 떼어 주겠다고 꼬이지 않던? 여편네가 죽으면 후실로 들여 가게를 맡기겠다고 하지 않던? 누구에게든지 하는 소리, 그게 수란다."

기둥을 잃은 것 같다. 몸이 떨린다. 그를 장래까지 믿었던 것은 아니나 너무도 간특스럽게 속은 셈이다.

"만갑이처럼 능청스럽지는 못하나 네게 무엇을 속이겠니. 무슨 일이든 말하렴. 내 힘엔 부친단 말이냐?"

"아무것도 아니다."

"어떻게 생각할지 모르나 돈이라면 여기 잔돈푼이나 있다. 어떻게 여기지 말고 소용되는 대로 쓰려무나."

천수가 지갑을 내서 통째로 손에 쥐어 준다. 분녀는 알 수 없이 눈물이 솟는다. 예측도 못한 정미에 가슴이 듬뿍해서 도리어 슬프다.

5

어머니는 재판소에 갔다온 날부터 심화*가 나서 누웠다 일어났다 하였다. 홀렁바지를 입고 용수를 쓴 오빠의 꼴이 눈앞에 어른거려 잠을 못 이루는 눈치다. 눈물이 마를 새 없고 눈시울이 부어서 벌겠다. 몇 해 징역이나 될까. 판결이 궁금하다느니보다 무섭다. 엄징*한 재판장의 모양이 눈에 삼삼하다. 종가에서는 발조차 일절 끊었다.

시산한 속에도 단오가 가까워 온다.

거리 앞 장대에서는 매년같이 시민 운동회가 성대하게 열린다는 바람에 거리 사람들은 설렌다. 일 년에 한 번 오는 이 반가운 명절 때문에 사람들은 사는 보람이 있는 듯하다. 씨름이 있고 그네가 있고 활이 있고 자전거 경주가 있다. 사람들은 철시하고 새 옷 입고 장대로 밀릴 것이다.

분녀는 정황은 못 되었으나 그래도 명절이 은근히 기다려진다. 제사 지낼 떡은 못 빚을지라도 만갑에게서 갖추어 얻은 것으로 이럭저럭 몸치장은 될 것이다. 무엇보다도 올에는 그네를 뛰어 상에 들 가망이 있는 것이다.

"자전거 경주에 또 나가 보겠다."

천수가 뽐내는 것을 들으면 분녀도 마음이 뛰놀았다.

"을손이를 지울 만하냐?"

"올에야 설마 짓구땡이지 어디 갈랴구. 우승기 타 들고 거리를 돌게 되면 나와 살겠니?"

"밤낮 살 공론이야."

이렇게 말한 것이 실상에 당일에는 어찌 된 일인지 도무지 신명이 나지 않았다.

못을 박은 듯이 빽빽이 선 사람 틈으로 자전거 경주를 들여다보고 있노라니 앞장서서 달아나던 천수는 꽁무니를 쫓는 을손과 마주 스치더니 급작스런 모서리를 돌 때 기어이 왈칵 쓰러져 일어나는 동안에는 벌써 맨 뒤에 떨어져 버렸다. 을손의 간악한 계교에 얼입히었다고 북새를 놓았으나 을손이 벌써 일등을 한 뒤라 공론이 천수에게 이롭지 못하였다. 조마조마 들여다보던 분녀는 낙심이 되어 차례가 와서 그네에 올랐

---

* 심화(心火) 마음 속에 일어나는 울화, 또는 그 울화 때문에 가슴이 답답하고 몸에 열이 나는 병.
* 엄징(嚴懲) 엄중하게 징벌함.

을 때에도 마음이 허전허전하였다.

나조차 마저 실패하면 어쩌노 생각하며 애써 힘을 주어 솟구기 시작하였다. 회똑거리던 설개도 차차 편편하여지고 두 손아귀의 바도 힘차고 탐탁하게 활같이 휘었다 펴졌다 한다. 그네와 몸이 알맞게 어울려 빨리 닫는 수레를 탄 것같이 유쾌하다. 나갈 때에는 눈앞이 휘연하고 치맛자락이 너볏이 나부낀다. 다리 밑에 울며줄며 선 사람들의 수천의 눈망울이 몸을 따라 왔다갔다 한다. 하늘에 오를 것 같고 땅을 차지한 것도 같다. 땅위의 걱정은 어디로 날아간 듯싶다.

바에 달린 줄이 휘엿이 뻗쳐 방울이 딸랑 울릴 때도 얼마 남지 않은 것같다. 아래에서는 연방 추스르는 말과 힘을 메기는 고함이 들린다. 몸은 펴질 대로 펴지고 일등도 멀지 않다.

그 때였다. 들어왔다 마지막 힘을 불끗 내어 강물같이 후릿이 솟아나갈 때 벌판으로 달리는 눈동자 속에 문득 맞은편 수풀 속의 요절한 한 점의 광경이 눈에 들어왔다. 순간 눈이 새까매지고 허리가 휘친 꺾이며 힘이 푹 스러지는 것이었다.

'왕가일까?'

추측하며 재차 솟구며 나가 내려다보니 움직이지도 않고 그대로 서 있는 꼴이 개울 옆 수풀 그늘 아래 완연하다. 그 불측한 녀석은 참다못해 그 자리에 선 것이 아니요 확실히 일부러 그 꼴을 하고 서서 이 쪽을 정신없이 쳐다보는 것이다.

아마도 오랫동안 그 목적으로 그 짓을 하고 섰던 것이 요행 주의를 끌어 눈에 띈 것이리라. 거리에서 드팀전을 하고 있는 중국인 왕가인 것이다.

'음칙한 것.'

속으로는 혀를 차면서도 이상하게도 한눈이 팔려 분녀는 노리는 동안에 팽팽하게 당기던 기운이 왈싹 줄어들며 그네가 줄기 시작하였다.

허리가 꺾이고 다리가 허전하여지더니 다시 힘을 줄래야 줄 수 없다. 팔이 떨려 바가 휘친거리고 발에 맥이 풀려 설개가 위태스럽다. 벌써 자세가 빗나가고 몸과 자세가 틀리기 시작하였다.

거의 방울이 마저마저 울리려던 푯줄이 옴츠려들게만 되니 그네는 마지막이요 일등은 날아갔다. 분녀는 아홉 숨음의 공을 한 숨음의 실책으로 단망할 수밖엔 없었다. 줄 아래 사람들은 공중의 비밀은 알 바 없어, 혹은 탄식하고 혹은 소리치며 다만 분녀의 못 미치는 재주를 아까워하는 것이다.

이렇게 된 바에야 하고 분녀는 줄어드는 그네 위에서 담대스럽게 녀석을 노려서 물리치려고 하였다. 그러나 이상한 것은 노리는 동안에 그를 물리치기는커녕 이 쪽의 자세가 어지러워질 뿐이다. 오금에 맥이 빠지고 나부끼는 치마폭이 부끄럽다.

일종의 유혹이었다. 천여 명 사람 속에서 왕가의 그 꼴을 보고 있는 것은 분녀뿐이다. 말하자면 두 사람은 많은 총중의 눈을 교묘하게 피하여 비밀히 만나고 있는 셈도 된다. 왕가의 간특스런 손짓과 마주치는 분녀의 시선은 말없는 대화인 셈이다. 분녀는 부끄러운 생각에 얼굴이 붉어졌다.

줄에서 내렸을 때까지도 좀체 흥분이 사라지지 않았다.

좀 상에는 들었으나 상보다도 기괴한 생각에 몸이 무덥다.

이 괴변을 누구에게 말하면 좋은가? 혼자만 알고 있는 것이 옳을까 생각하며 천수를 찾았으나, 많은 눈 속에서 소락소락 말을 붙일 수도 없어서 집으로 돌아와서야 겨우 기회를 잡았으나 천수는 홧김에 술이 거나하게 취하여 있다.

"개울가로 나오련? 요절할 이야기 들려 줄게."

"분해서 못 견디겠다. 을손이 녀석."

분녀는 혼자 먼저 나갔으나 시납시납 거닐어도 천수의 나오는 꼴이 보이지 않았다. 분김에 을손과 맞붙어 싸우지나 않는가?

양버들 숲을 서성거리는 동안에 어두워졌다. 개울까지 나갔다 다시 수풀께로 돌아오면서 하릴없이 왕가의 생각에도 잠겨 본다. —— 초라한 꼴로 거리에 온 지 오륙 년이나 될까. 처음에는 마병 장사를 하던 것이 차차 늘어 지금에는 드팀전으로도 제일 크다. 실속으로는 거리에서 첫째 부자라는 소리도 있으나, 아직도 엄지락 총각의 신세를 면하지 못하여 가끔 술집에 가서는 지전을 물쓰듯 뿌린다고 한다. 중국 사람은 왜 장가가 늦을까? 여편네가 귀한 탓일까…….

수풀 그늘 속으로 들어가려던 분녀는 기급을 하고 머물렀다. 제 소리의 범이 있는 것이다. 왕가는 마치 그를 기다리고 있던 것같이 벙글벙글 웃으며 앞에 막아선다. 하기는 낮에 섰던 바로 그 자리이긴 하다. 도깨비에게 홀린 것도 같다.

쭈뼛 솟았던 머리끝이 가라앉기도 전에 몸이 왕가의 팔 안에 있다. 입을 벌리기에는 너무도 어처구니없고 삽시간이라 겨를 틈도 없다.

"평생이 이다지도 기구할까."

분녀는 혼자 앉았을 때 스스로 일신이 돌려 보였다.

수풀 속에서 왕가에게 경박을 당하였을 때 악을 다하여 결었다면 결지 못하였을까. 가령 팔을 물어뜯는다든지 돌을 집어 얼굴을 찧는다든지 하였으면 당장은 모면할 수는 있지 않았던가. 그럼에도 그는 그것을 할 수 없었고 이상한 감동에 몸이 주저들자 기운도 의사도 사라져 버려 그뿐이었다.

마치 당시에는 함박 술에라도 취하였던 것싶다.

천수를 대할 꼴도 없다. 하기는 만갑과의 사이를 아는 그가 왕가와의 사이인들 굳이 나무랄 이치도 없기는 하다. 천수는 만갑에게서 그를 빼앗았고 차례로 왕가에게 빼앗긴 셈이다. 몸이란 나루에서 나루로 멋대로 흘러가는 한 척의 배 같다.

하기는 만약 그 날 저녁 약속한 천수가 어김없이 개울가로 나와 주었으면 그렇게 신세가 빗나가지는 않았을 것이다. 천수를 한할까 왕가를 원망할까.

분녀는 길게 한숨지으며 생각에 눈이 흐리멍덩하다. 천수를 한할 바도 못 되거니와 왕가를 미워할 수도 없는 것이다.

생각하기도 부끄러운 일이나 사실 왕가는 특별한 인간이었다. 사내이상의 것이라고 할까! 그로 말미암아 분녀는 완전히 눈을 뜨게 된 것이다.

왕가를 보는 눈이 전과는 간자기 달라져서 은근히 그가 그리운 날이 있었다. 피가 수물거려 몸이 덥고 골이 띵할 때조차 있다. 그럴 때에는 뜰앞을 저적거리거나 성 밖에 나가 바람을 쏘일 수밖에는 없었다. 그러나 그것만으로는 도무지 몸이 식지 않는 때가 있다.

하룻밤은 성 밖까지 나갔다. 돌아오는 길에 거리를 거쳤다. 눈치를 보아 왕가와 만날 수가 있지나 않을까 하는 속심도 없는 바 아니었다.

두근거리는 마음에 남문을 지날 때 돌연히 천수를 만났다. 조바심하는 탓으로 태도가 드러나 보였는지 천수는 어둠 속으로 소매를 이끌더니 첫마디에 싫은 소리였다.

"요새 꼴이 틀렸군."

영문을 몰라 맞장구를 쳤다.

"꼴이 틀렸다니 눈이 뒤집혔단 말이냐?"

"눈도 뒤집혔는지 모르지."

"무슨 소리냐?"

"요새 환장할 지경이지?"

"또 술 취했구나. 을손이한테 지더니 밤낮 술이야."

"어물쩡하게 판소리 그만둬."

쏘더니 목소리를 갈아,

"사람이 그렇게 헤푸면 못쓴다. 아무리 너기로서니 천덕구니(천덕꾸러기)가 되면 마지막이야."

"무엇 말이냐?"

"그래도 시침을 떼니? 왕가와의 짓 말야."

분녀는 뜨끔하여 입이 막혀 버렸다.

"수풀 속에서 본 사람이 있어. 하늘은 속여도 사람의 눈은 못 속인다."

따귀를 붙인다. 분녀는 주춤하며 자세가 휘었다.

"다시 그러면 왕가를 찔러라도 눕힐 테야. 치가 떨려 못살겠다."

한참이나 잠자코 섰던 분녀는 겨우 입을 열었다.

"너 옷섶이 얼마나 넓으냐? 내가 네게 매었단 말이냐. 왕가와 너와 못하고 나은 것이 무엇 있니?"

6

그 후로 천수와의 사이가 뜬 것은 물론이어니와 분녀에게는 여러 가지 궁리가 많아서 얼마간 거리와 일절 발을 끊었다. 아침저녁으로 관사에 다니는 것도 일부러 궁벽한 딴 길을 골랐다. 관사에서 일하는 이외의 여가는 전부 집에서 보냈다.

빈 집을 지키며 울 밑 콩포기도 가꾸고 우물물을 길어 몸도 퍼찔 씻고 하는 동안에 열이 식어지고 마음도 차차 잡혔다. 몸이 깨끗하고 정신이 맑은데다 뜰 앞의 조촐한 화초 포기를 바라보고 있으면 지난 일이 꿈결같이밖에는 생각나지 않는다.

그 무슨 무더운 대병이나 치르고 난 것같이 몸이 거뿐하다. 모든 것이 지나간 꿈이었다면 차라리 다행이겠다고 생각해 보면 머리채를 땋아 내린 몸으로 엄청난 짓을 한 것이 새삼스럽게 뉘우쳐진다. 명준, 만갑, 천수, 왕가 —— 머릿속에 차례차례로 떠오르는 환영을 힘써 지워 버리려고 애쓰면서 날을 보냈다.

그러나 사람의 마음처럼 조화 많은 것은 없는 듯하다. 언제까지든지 찬 우물물을 끼얹어 식히고 얼리울 수는 없었다. 견물생심으로 다시 분녀의 마음을 움직이게 한 변괴가 생겼다. 망측스런 꼴이 눈에 불을 붙여 놓았다.

여름의 관사는 까딱하면 개망신처가 되기 쉽다. 문이란 문, 창이란 창은 죄다 열어젖히우고 대신에 얇은 발이 쳐지면 방 안의 변이 새이기 맞춤이다. 문이란 벽 속의 비밀을 귀띔하는 입이다. 그 안에 사는 임자가 밤과 낮조차 구별할 주책이 없을 때에 즐겨 망신주기를 좋아하는 것 같다.

그 날 저녁 무렵은 유난히도 무더웠다. 더우면 사람들은 해변에서나 집 안에서나 옷 벗기를 즐겨한다.

분녀는 이역 유난스럽게도 일찍이 부엌일을 마치고는 목욕물을 가늠보러 목욕간으로 들어갔다. 물줄기를 틀어 더운 물을 맞추면서 한결같이 누구보다도 먼저 시원한 물 속에 잠겼으면 하는 불측한 생각뿐이었다. 그러나 대체 주인 양주는 이때껏 무엇을 하고 있나 하고 빈지 틈에 눈을 대었다.

이 괴망스러운 짓이 실수였는지도 모른다. 빈지 틈으로는 맞은편 건넌방이 또렷이 보인다. 분녀는 하는 수 없이 방 안의 행사를 일일이 보지 않을 수 없었다.

거의 숨을 죽였다. 피가 솟아 얼굴이 확 단다. 목구멍이 이따금 울린다. 전신의 신경을 살려 두 손을 펴고 도마뱀같이 빈지 위에 납작 붙었다.

수돗물이 쏟아질 대로 쏟아져 목욕통이 넘쳐나는 것도 잊어버리고 분녀는 어느 때까지나 정신없이 빈지에 붙어 앉았다. 더운 김이 서리어

서인지 눈이 불이 붙어서인지 몸이 불덩이같이 덥다.

날을 지나도 흥분이 쉽사리 사라지지 않는다.

—— 그런 세상도 있구나.

거기에 비하면 지금까지 겪은 세상은 너무도 단순하고 아무것도 아닌 —— 방 안의 세상이 아니요 문 밖 세상 같은 생각이 든다. 가지가지의 경험을 죄진 것같이 여기던 무거운 생각도 어느 결엔지 개어지고 도리어 자연스럽고 그 위에 그 무엇이 부족하였다는 느낌조차 들었다.

관사의 광경은 확실히 커다란 꾀임이었다. 일시 잠자던 것이 다시 깨어나 이번에는 더 큰 힘으로 움직이기 시작하였다. 아무리 우물물을 퍼서 몸에 퍼부어도 쓸데없다. 한시도 침착하게 앉아 있을 수 없이 육신이 마치 신장대 모양으로 설레는 것이다.

만약 그 날로 돌연히 상구가 눈앞에 나타나지 않았더면 분녀는 어떻게 일신을 정리하였을까.

요술과도 같이 뜻밖에 상구가 찾아왔다. 들어간 지 거의 달포 만이다. 얼굴은 부숭부숭 부었으나 어느 틈엔지 머리까지 깎은 후라 일신은 단정하다. 짜장 반가운 판에 분녀는 조금 수다스럽게 소리를 질렀다.

"고생했구나."

"맞았다! 동무들이 가엾다."

상구는 전과는 사람이 변한 것같이 속도 열리고 말도 걱실걱실 잘 받는 것이 분녀에게는 알 수 없이 반갑다.

"몸이 부은 것 같구나. 거북하지 않으냐?"

"넌 내 생각 안했니?"

다짜고짜로 몸을 끌어당긴다. 분녀는 굳이 몸을 빼지 않았다.

"이번같이 그리운 때 없다."

"별안간 싼들할 것 같구나."

핑계 겸 일어서서 분녀는 방문을 닫았다.

상구에게 대한 지금까지의 불만도 뉘우침도 다 잊어버리고 상구의 하는 대로 몸을 맡겼다. 누구보다도 지금에는 상구가 가장 그리운 것이다. 지난날도 앞날도 없고, 불붙은 몸에는 지금이 있을 뿐이다. 상구의 입술이 꽃같이 곱다.

다음 날 관사에 나갔을 때에 분녀는 천연스런 양주의 얼굴을 속으로 우습게 여기는 한편, 천연스런 자신의 꼴을 한층 더 사특하게 여겼다.

그 날 밤도 상구가 오기는 왔으나 간밤같이 기쁜 낯으로가 아니었다. 밤 늦게 오면서도 그는 전과 같이 노여운 태도였다. 퉁명스런 목소리였다.

"너를 잘못 알았다."

발을 구르며,

"네까진 것한테 첫몸을 준 것이 아까워."

이어,

"짐승 같은 것. 너를 또 찾은 내가 잘못이었지. 그렇게까지 된 줄이야 알았니?"

기어이 볼을 갈겼다.

"소문 다 들었다."

"……"

"굳이 일일이 이름 들 것도 없겠지. 어떻든 난 쉬 떠나겠다."

7

상구는 말대로 가 버렸다. 차라리 실컷 얻어나 맞았더면 시원할 것을 더 말도 못 들어 보고 이튿날로 사라졌으니 하릴없다. 서울일까? 사람이란 눈앞에만 안 보이게 되면 왜 이리도 그리운가?

그러나 상구의 실종보다도 더 큰 변이 생기고야 말았다. 마을 갔던 어머니는 황급한 성질에 뛰어들더니 손에 몽둥이를 집어들었다.

"분녀야, 정말이야?"

분녀에게는 곡절이 번개같이 짐작되었다. 금시에 몸이 녹는 것 같더니 넋없는 몸뚱이가 허공을 나는 것 같다.

"허구한 곳 다 두고 하필 종가에 가서 이 끔찍한 소문을 듣다니 무슨 망신이냐."

올 때가 왔구나 느끼며 숨을 죽였다.

"일일이 대 봐라. 행실머릴 이 자리에서."

첫 매가 내렸다.

"만갑이, 천수, 또 누구냐 대라. 치가 떨려 견딜 수 있나, 몸치장이 수상하더니 기어이 이 꼴이야?"

물매가 내리기 시작하였다. 분녀는 소같이 잠자코만 있다가 견딜 수 없어서 매를 쥔 팔을 붙들었다. 어머니는 더욱 노여워할 뿐이다.

"이 고장에 살 수 없다. 차라리 죽어라."

모진 매에 등줄기가 주저내리는 것 같다. 종아리에서는 피가 튄다. 분녀는 하는 수 없이 매를 벗어나서 집을 뛰어나왔다. 목소리는 나지 않고 눈물만 바짓바짓 솟는다.

바다에라도 빠질까. 목이라도 맬까. 성문을 나서 환장할 듯한 심사에 정신없이 벌판을 달렸다. 큰길을 닫기도 부끄러워 옆길로 들었다. 허전거리다가 밭두둑에 쓰러졌다. 굳이 다시 일어날 맥도 없어 그 자리에 코를 박고 밤 되기를 기다렸다. 바다에까지 나가기도 귀찮아 풀포기에 쓰러진 채 밤을 새웠다.

다음 날도 집에 들어가지 않고, 그렇다고 갈 곳도 없어 사람 눈에 안 띄게 종일이나 벌판을 헤매다가 밭 속 초막 안에서 잤다. 그런 지 나흘 만에 벌판으로 찾아헤매는 식구의 눈에 띄어 하는 수 없이 집으로 끌려갔다. 어머니는 때리는 대신에 눈물을 흘렸다.

큰일이나 치르고 난 것 같다. 몸도 가다듬고 마음도 조여졌다. 딴사람으로라도 태어난 것 같다.

　관사에서 떨어진 후로는 들에 나가 밭일을 거들었다. 거리를 모르게 되고 밭과 친하였다.

　여름이 짙어지자 벌써 가을 기색이었다. 들에는 곡식 냄새에 섞여 들깨 향기가 넘쳤다. 들깨 향기는 그윽한 먼 생각을 가져온다.

　분녀는 날마다 들깨 향기에 젖어서 집에 돌아왔다. 그런 하룻날 돌연히 낯선 청년이 찾아왔다.

　"날 모르겠어?"

　아무리 뜯어보아도 알듯알듯 하면서 생각이 미처 돌지 않는다.

　"명준이야."

　듣고 보니 틀림없다. 반갑다. 3년 만인가.

　"만주 갔다 오는 길야. 나도 변했지만 분녀도 무던히는 달라졌군."

　"금광은 찾았누?"

　"금광 대신에 사람놈이나 때려죽였지."

　명준은 빙그레 웃는다. 고생을 하였으련만 그다지 축나지도 않았다. 도리어 몸이 얼마간 인 것 같다.

　"고향은 그저 그 모양이군."

　분녀는 변화 많은 그의 일신 위에 말이 뻗칠까 봐 날쌔게 말꼬리를 돌렸다.

　"어떻게 할 작정인구."

　"밭뙈기나 얻어 갈아 볼까. 수틀리면 또 내빼구."

　말투가 허황하면서도 듬직하다. 생각하면 명준은 첫사람이었다. 귀찮은 금덩이를 가져오지 않은 것이 차라리 개운하다. 허락만 한다면 그와 나 마음잡고 평생을 같이하여 볼까 하고 분녀는 생각하여 보았다.

개살구

서울집을 항용 살구나무집이라고 부르는 것은 바로 집 뒤에 아름드리 살구나무가 서 있는 까닭인데, 오대 선조부터 내려온다는 그 인연 있는 고목을 건사할 겸 지은 집이언만 결과로 보면 대대로 내려오는 무준한 그 살구나무가 도리어 그 아래의 집을 아늑하게 막아 주고 싸 주는 셈이 되었다. 동네에서 제일 먼저 꽃피는 것도 그 살구나무여서, 한참 제철이면 찬란한 꽃송이와 향기 속에 온통 집이 묻혀 무르녹은 꿈을 싸 주는 듯도 하지만, 잎이 피고 열매가 맺기 시작하면 집은 더한층 그 속에 묻혀 버려서 밖에서는 도저히 집 안을 엿볼 수 없는 형세가 되었다.

살구나무집이라도 결국은 하늘 아래 집이니 그 속에 살림살이가 있을 것은 다 같은 이치이나, 그 살림살이가 어떠한 것이며 그 속에서는 허구한 날 무엇이 일어나는지 외따로 떨어진 그 집 안의 소식이며 호젓한 나무 아래 사정을 동네 사람들이 알아낼 순 없었다. 모든 것이 나무 속에 감추어져서 하늘의 별조차도 나무 아래 지붕은 고사하고 나무를 뚫고 속사정을 엿볼 수는 없었다. 푸른 열매가 익어갈 때 참살구 아닌 그 개살구의 양은 보기만 하여도 어금니에 군물이 돌았다. 집안의 살림살이도 별수없이 어금니에 군물 도는 그 개살구의 맛일는지도 모르나, 그러나 그 살구를 훔치러 사람들은 집 뒤를 기웃거리기가 일쑤였다.

도시 함석집이라고는 면내에서는 면소와 주재소, 조합과 학교, 그리고는 서울집이어서 사치하기로는 기와집 이상으로 보였다. 장거리와 뒷마을과의 사이의 넓은 터전은 거의 다 김형태의 것이어서, 그 한복판에다 첩의 집을 세웠다 한들 관계할 바 아니나, 푸른 논 가운데 외따로 우뚝 서 있는 까닭에 횟벽 함석 지붕의 그 한 채가 유독 눈에 띄고 마음을 끌었다.

오대산에 채벌장이 들어서면서부터 박달나무의 시세가 한참 좋을 때에는 산에서 벤 나무토막을 실은 우찻바리가 뒤를 이어 대관령을 넘었다. 강릉, 주문진 항구에 부려만 놓으면 몇 척이든지 기선에 싣고는 철로 공사가 있다는 이웃 항구로 실어 나르곤 하였다.

오대산 속에 산줄기나 가지고 있던 형태는, 버리는 것인 줄만 알았던 아름드리 박달나무 덕택에 순시에 돈벼락을 맞게 되었다. 논섬지기나 더 늘이게 된 것도 그 판이었고 살구나무집을 세운 것도 그 때였다. 학교에 돈백이나 기부하여 학무 위원의 이름을 가졌고, 조합의 신용을 얻어 아들 재수를 조합의 서기로 취직시킨 것도 물론 그 무렵이었다. 흰 횟벽의 집이 야청으로서밖에는 소용이 없다고 생각하였던 동네 사람들은 그 깎은 듯이 아담한 집 격식에 눈을 굴렸다.

뜰 안에 라디오의 안테나가 들어서고 유성기의 노랫소리가 밤낮으로 흘러나오게 되었을 때에는 혀를 말았다. 박달나무가 가져온 개화의 턱찌끼에 사람들은 온통 혼을 뽑히었던 것이다. 뒷마을 기와집 큰댁과 앞마을 살구나무집 작은댁과의 사이를 한가하게 어슬렁어슬렁 거니는 형태의 양을 사람들은 전과는 다른 것을 고쳐 보기 시작하였다.

꿈 속 같은 호사스런 그 속에서도 가끔 변이 생겨 서울집은 두 번째

댁이었다. 첫댁은 집이 서기가 바쁘게 강릉서 데려온 지 해를 못 넘어 달밤에 도망을 쳐 버렸다. 동으로 대관령을 넘어서 강릉까지는 팔십 리의 길이었다. 아침에 그런 줄을 알고 뒤를 쫓는대야 헛일이었으며, 강릉에 친가가 있는 것이 아니라 온전히 뜬사람이었던 까닭에 찾을 길이 막막하였다.

다른 사내가 있었다는 말을 듣기도 하여 형태는 영동을 단념해 버리고 이번에는 앞대를 생각하게 되었다. 서으로 서울까지는 문재, 전재를 넘고 원주, 여주를 지나 오백 리의 길이었다.

이틀 동안이나 자동차에 흔들려서 첫 서울의 길을 밟은 지 거의 달포 만에 꽃 같은 색시를 데리고 첩첩한 산을 넘어 돌아왔다. 뜨물같이 허여멀쑥한 자그마하고 야물어진 서울 색시를, 앞대 물을 먹으면 인물조차 그렇거니만 생각하면서 사람들은 자동차에서 내리는 그를 울레줄레 둘러쌌다. 하기는 그만한 인물이 시골까지 차례지게 되기까지에는 상당한 물재의 희생이 있었으니, 형태는 그번 길에 속사리 버덩의 일곱 마지기를 팔아 버렸던 것이다. 들고나게 된 한 가호를 살려 주고 그 값으로 외딸을 받아 가지고 왔다는 소문이었다. 장안에서도 일색이었다는 서울집이 시골 와서 절색임은 물론이었고, 마을 사람들은 마치 여자라는 것을 처음 보는 것과도 같이 탄복하고 수군들 거렸다.

첫번 강릉집의 경우도 있고 하여 형태는 단속이 무서웠다. 별수없이 새장에 갇힌 새의 신세였다. 형태는 집안 재미에 마음을 잡고는 즐겨하는 투전판에도 섞이는 법 없이 육중한 몸을 유들유들하게 서울집에 박혀 있는 날이 많았다. 검은 판장으로 둘러친 울과 우거진 살구나무와는 굳은 성벽이어서, 안에서도 짐작할 수 없으려니와 밖에서 엿볼 수도 없었다. 그러나 단속이 심하면 심할수록 갇혀 있는 사람의 마음은 한층 허랑하게 밖으로 날아서 강릉집이 첩 넘의 읍을 그리워하듯이 서울집 또한 영첩한 산을 넘어 앞대를 그리워하는 심정은 일반이었다.

집에 든 지 달포도 채 못 되어서 하룻밤은 별안간에 헛소동이 일어났다. 서울집이 집 안에 없음을 깨닫고 형태가 황겁결에 도망이라고 외쳤던 까닭에 이웃 사람들은 호기심도 솟고 하여 일제히 퍼져 도망간 서울집을 찾으러 들었다. 마침 그믐밤이어서 마을은 먹을 뿌린 듯이 어두운데 각기 초롱에 불들을 켜 가지고 웬만한 곳은 샅샅이 헤매었다. 어두운 곳 군데군데에서 초롱불이 반딧불같이 움직이며 두런두런 말소리가 흘러왔다. 외줄 신작로를 동과 서로 몇 마장씩 훑어보고는 닥치는 대로 마을 안을 온통 뒤졌다.

뒷마을서부터 차례차례로 산기슭, 수수밭, 과수원을 들치고, 앞으로 나와 서낭숲에서는 느릅나무와 느티나무의 테두리를 샅샅이 살피고, 거리를 사이로 아래위를 훑어보고는 냇가의 숲 속과 물방앗간을 뒤졌으나 종시 서울집의 자태는 보이지 않았다. 설레는 마음에 앞장을 서서 휘줄거리던 형태는 홧김에 초롱을 던지고는 말도 없이 발을 돌렸다. 뒤를 따르는 사람들도 입맛을 다시면서 풀린 맥에 초롱을 내저으며 자연 걸음이 느려졌다.

아무래도 서쪽으로 길을 들었을 것이 확실하니 날이 밝으면 강릉서 오는 자동차로 뒤를 쫓는 것이 상수라고 공론들이었다. 강릉집 때에 혼이 난 형태는 실망이 커서 그렇게라도 할 배짱으로 한시가 초조하였다. 담배들을 피우면서 웅얼웅얼 지껄이며 돌밭을 지나 물가에 이르렀을 때에 앞을 섰던 형태가 불시에 주춤하면서 걸음을 멈추고 어둠 속을 노렸다. 한 사람이 초롱불을 앞으로 확 내밀었을 때 물 속에서는 철버덩 소리가 나며 싯허연 고래가 한 마리 급스럽게 숲 속으로 뛰어 들어갔다.

어둠 속에서도 유난스럽게 희고 퍼들퍼들한 몸뚱어리였다. 의외의 곳에서 그날 밤 사냥에 성공하고 마을길을 더듬어 올 때 모두들 웃음에 허리를 꺾을 지경이었다. 도망했다고만 법석을 한 서울집은 좀체 나오기 어려운 기회를 타서 혼자 시냇가에 목물을 나왔던 것이다. 벌써 일 년 전의 일이었으나 그 일이 있은 후로 형태는 서울집의 심중에 적이 안심되어 덮어놓고 의심하지는 않게 되었다.

집안 사람들의 출입도 잦지 못한 집 안은 언제든지 고요하고 감감하여서 그 속에 무슨 일이 일어나며 변이 생기는지 알 도리가 없었다. 푸른 살구가 맺혀 그것이 누렇게 익어갈 때면 마을 사람들은 드레드레 달린 누런 개살구를 바라보고 모르는 결에 어금니에 군물을 돌리곤 할 뿐이었다.

1

들에 보리가 익고 살구도 누런 빛을 더하여 갔다.

달무리가 있은 이튿날 아침 뒷마을 샘물터는 온통 발끈 뒤집혔다.

당초에 말을 낸 것은 맨 처음 물 이러 온 금녀였고, 그의 말을 들은 것이 다음에 온 재천이었다. 재천이는 이어 온 춘실네에게 그것을 귀띔하고, 춘실네는 괘사 옥분에게 전하고, 옥분은 히히덕거리며 방앗집 새댁에게 있는 대로 털어 버렸다.

간밤의 변사는 순식간에 입에서 입으로 온통 변설되고야 말았다. 뒤를 이어 모여든 한 패는 물을 길어 가지고는 냉큼 갈 줄을 모르고 물동이를 차례차례로 샘전에 놓은 채 어느 때까지나 눈길을 흘끗거리면서 뒤숭숭하게 수군거렸다. 한 번 말문이 터지면 좀체 수습하기 어려워서, 있는 말 없는 말 주워섬기는 동안에 아침 시중이 늦어지는 줄도 모르고 횡설수설이었다.

"세상에 그런 법도 있을까? 집안이 언제나 감감하기에 수상하다고는 노렸으나 —— 하필 김 서기일 줄야 뉘 알았을꼬? 환장이지 그럴 수가 있나. 무서워라."

두 동이째 물을 이러 온 금녀는 아직도 우물터가 와글와글 뒤끓는 것을 보고 별안간 무서운 생각이 들었다. 처음으로 말을 낸 경솔을 뉘우쳤으나 그러나 한번 낸 말을 다시 입 안으로 거둬들일 수는 없는 노릇이었다. 청을 받는 대로 간밤의 변을 몇 번이고간에 되풀이하는 수밖에는 없었다. 되풀이하는 동안에 하긴 마음은 대담하여 가고 허랑하여졌다.

"아마도 무엇에 흘렸던 게지. 아무리 달이 밝기로서니 아닌 밤에 살구 생각은 왜 나겠수, 살구 도둑간 것이 끔찍한 것을 보게 된 시초니."

금녀가 하필 그 밤에 살구나무집 살구를 노린 것은 형태가 마침 며칠 전에 읍내로 면장 운동을 떠난 눈치를 알아챈 까닭이었다. 개궂은 그가 출타한 이상 집을 엿보기쯤은 어려운 노릇이 아니었다.

논길을 살며시 숨어들어 살구나무에 기어올라 우거진 가지 속에 몸을 감추기는 여반장이었으나, 교교하게 밝던 보름달이 공교롭게도 별안간 흐려지면서 누리가 금시에 캄캄하여 간 것은 마치 무슨 조화나 붙은 것 같았다. 알고 보니 그날 밤이 월식이어서 그 때 마침 온통 어두워진 하늘에서는 검은 개가 붉은 달을 집어먹으려고 노리고 있는 중이었다. 모든 것이 물 속에 빠진 듯이나 고요하고 어두운 가운데에서 길을 잃은 듯한 박쥐의 떼가 파닥파닥 날아들고, 뒷산의 부엉이 소리가 다른 때보다 한층 언짢게 들렸다.

멀리서 달을 보고 짖는 개의 소리가 마디마디 자지러지게 흘러왔다. 지척을 분간할 수 없는 나뭇잎 속에서 금녀는 불길한 생각에 몸서리를 치면서 살구 생각도 없어지고 나뭇가지를 바싹 붙들었다.

변이라도 일어날 듯한 흉한 밤이었다. 하늘의 개는 붉은 달을 입에 넣고 게웠다 물었다 하다가 드디어 온전히 삼켜 버리고야 말았다. 천지는 그대로 몽땅 땅 속에 묻혀 버린 듯이 새까맣고 답답하여졌다. 부엉이 울음도 개 짖는 소리도 어느 결엔지 그쳐진 캄캄한 속에서 금녀는 무서운 김에 팔 위에 얼굴을 얹고 차라리 눈을 감아 버렸다. 눈을 감으면 한결 귀가 밝아져서 어느맘 때는 되었는지 이슥한 속에서 문득 웅얼웅얼하는 사람의 속삭임이 들렸다. 정신이 귀로만 쏠릴수록 말소리도 차차 확실해져서 바로 살구나무 아래편 뒤안 평상 위에서 들려오는 것인 줄을 알았다. 방 안에는 등불이 켜지지 않았고 나무에 오르자 월식이 시작된 까닭에 당초부터 그 아래에 사람이 있는 줄을 몰랐던 것이다.

비록 낮기는 하여도 굵고 가는 한 쌍의 목소리가 남녀의 목소리임에는 틀림없었다. 여자의 목소리는 서울집의 것이라고 하고 남자의 목소리는 누구의 것일까? 부엌일하는 점순이 외에는 남자의 출입이라고는 큰댁 식구들도 마음대로 못하게 하는 형편에 아닌 밤에 서울집과 수군거리는 사내는 누구일까 하고, 금녀는 무서움도 잊어버리고 이번에는 솟아오르는 호기심에 정신을 바짝 차리고 어둠 속을 노리기는 하나 워낙 어두운데다가 나뭇잎이 우거져서 좀체 분간하기 어려웠다.

무시무시하면서도 한편 온몸이 근실근실하여 침을 삼키면서 달이 밝아지기를 조릿조릿 기다렸다. 이윽고 하늘개는 먹었던 달덩이를 옳게 삭이지 못하고 불덩이째로 왈칵 게워 버리고야 말았다. 웅켰던 구름이 헤어지고 맑은 하늘이 그 사이로 솟기 시작하자 달았던 불덩어리도 어느 결엔지 환히 드러난 제 꼴에 놀라 움츠러들며 나무 아래를 날쌔게 나뭇잎 사이로 굽어보다가 별안간 기급을 할 듯이 외면하여 버렸다.

수풀 속에서 뱀을 만났을 때의 거동이었다. 뒤안에 내논 평상 위에 뱀 아닌 남녀의 요염한 꼴을 보았기 때문이었다. 처녀인 금녀로서는 처음 보는, 보아서는 안 될 숨은 광경이었다. 그러나 더 놀라운 것은 그 남녀가 서울집과 조합의 김 서기 재수란 것이다. 서울집의 소문은 이러쿵저러쿵 기왕부터 있기는 있어서 이제는 벌써 등하불명으로 모르는 부처님은 남편 형태뿐이라는 소문은 소문이었으나 사내가 재수일 줄야 그 아무도 짐작하지 못한 바이며, 그러기 때문에 금녀의 놀람은 컸다. 너무도 어처구니가 없어 다시 한 번 무시무시 아래를 훔쳐보았으나 속일 수 없는 밝은 달은 사정이 없었다.

금녀는 그것을 발견한 자기 자신이 큰 죄나 진 것도 같아서 몸서리를 치면서 아비·아들의 기구한 인연을 무섭게 여겼다. 그들 둘이 아는 외에는 하늘과 땅만이 알 남녀의 속일을 귀신 아닌 금녀가 엿볼 줄야 어찌 짐작인들 하였으랴.

하기는 그래도 달을 두려워함인지 뒤안이 훤히 밝아지자 남녀는 평상에서 내려와서 방 안으로 급스럽게 들어가는 것이었으나, 어지러운 그 뒤꼴들을 바라볼 때 금녀는 다시 새삼스럽게 무서워지며 하늘이 벼락을 내린다면 바로 이런 곳이 아닐까 하고 머릿골이 선뜩하여져서 살구 생각도 다 잊어버리고 부리나케 나무를 미끄러져 내려왔다. 논길을 빠져 집까지는 거의 단숨에 달렸다. 밤이 맞도록 잠 한숨 못 이루고 고시랑고시랑 컴컴한 벽을 바라볼 뿐, 하늘과 땅만이 아는 속일을 알았다는 두려움이 한결같이 가슴 속에 물결쳤다.

그러나 시원한 아침을 맞아 샘물터에서 동무를 만났을 때에는 웅켰던 마음도 적이 누그러져 허랑하게 그만 입을 열게 되었다. 하기는 그 끔찍한 괴변은 차라리 같이 알고 있는 것이 속 편한 노릇이지 혼자 가슴 속에 담아 두기에는 너무도 무서운 것이었다.

그날은 샘터도 별스러이 소란하여서 아침물이 지나고는 조금 뜸하더니 낮쯤 해서 또 한바탕 들끓고야 말았다. 꽤 먼 마을 한끝에서까지 길어가는 샘이므로 모이는 인물들도 허다한 속에 대개 아첨 인물이 한두 사람씩은 끼여 있었다.

"사내가 그른가 계집이 그른고 —— 하긴 그런 일에 옳고 그른 편이 있겠소만."

"터가 글렀어. 강릉집 때에도 어디 온전히 끝장이 났수? 오대를 내려 온다는 그놈의 살구나무가 번번이 일을 치거든."

이렇게 수군거리는 패도 있었다.

"핏줄에서 난 도둑이니 누구를 한하겠소만, 면장 운동인가 무언가를 떠난 것이 불찰이지 버젓이 앉아 있는 최 면장을 떼고 그 자리에 대신 들어앉으려니 그런 억지가 어디 있수. 박달나무 덕에 돈 벌고 땅 샀으면 그만이지 면장은 해 무엇 한단 말요. 과한 욕심 낸 죄로 하면야 싸지. 군수하고 단짝이라나. 이번 길에도 꿀 한 초롱과 버섯말이나 가지고 간 모양인데, 쉬이 군수가 갈린다는 소문이니까 갈리기 전에 한몫 얻으려고 바싹 붙는 모양이야."

"아비보다도 자식이 못나고 불측한 탓이 아니오. 장가든 지 불과 몇 달 전에 아내를 뚜드려 쫓더니 그 짓이란 말야. 춘천 가서 웃학교를 칠년 만에 마친 위인이니 제 구실을 할 수야 있겠소? 조합 서기도 아비덕에 간신히 얻어 한 것이 아니오?"

"자식과 원수 된 것을 알면 형태는 대체 어떻게 할꼬."

샘물 둔지에는 돌배나무 한 포기가 서 있었다. 돌팔매를 던져 풋배를 와르르 떨어서는 뜻없이 샘물 속에 집어던지면서 번설들이었다.

"이 자리에서만 말이지 까딱 더 번설들 맙시다. 형태 귀에 들어갔단 큰일날 테니."

민망한 끝에 발설을 한 것이 춘실네였다. 그러나 저녁때도 되기 전에 또 점순에게 그것을 귀띔한 것도 춘실네였다.

서울집 부엌데기로 있는 점순은 전날 밤을 집에서 지내고 아침에 일찍이 나가 진종일 집에서만 일을 한 까닭에 그 괴변을 보지도 듣지도 못하였다. 다시 집으로 갔다가 저녁 참을 대고 나올 때에 수수밭 모퉁이에서 춘실네를 만나 들으니 초문이었다. 재수는 전에 그에게도 한 번 불측한 눈치를 보인 일이 있어서 그의 버릇은 웬만큼 짐작은 하는 터였으나 역시 놀라지 않을 수 없었다. 서울집을 극진히 여기는 점순은 그의 변이 번설 되는 것을 민망히는 여겼으나 변이 변인만큼 가만 있을 수도 없어 그 걸음으로 다시 집에 들어가 남편 만손에게 전하고, 내친 걸음에 거리로 나가 가게 보는 태인에게도 살며시 뛰어 주었다. 태인과는 만손 몰래 정을 두고 지내는 사이였다.

태인은 가게에 모이는 사람들에게 한두 마디씩 지껄이게 되고, 만손은 그날 저녁 형태네 큰사랑에 마을 가서 모이는 농군들에게 말을 펴 놓게 되었다.

이렇게 하여 소문은 하루 동안에 재빠르게도 마을 안에 쫙 퍼지게 되었다. 이제는 벌써 당사자 두 사람과 출타한 형태만이 몰랐지 마을 사람들은 모두 형태 큰댁까지도 사랑 농군에게서 들어 알게 되었다.

큰댁은 놀라기는 무척 놀랐으나 제 자식의 처신머리가 노여운 것보다도 서울집의 빗나간 행동이 더 고소하게 생각되었다. 염라대왕에게 서울집 속히 데려가기를 밤낮으로 비는 큰댁은 남편이 돌아와 어떻게 이 일을 조처할까에 모든 생각이 쏠리는 까닭이었다.

2

그 날 밤은 열엿샛날 밤이어서 간밤같이 월식도 없고 조금 늦게는 떴으나 달이 밝았다. 샘터 축들은 공연히 마음이 들떠서 달밤을 잠자코 지내기 어려운 속에서 옥분은 드디어 실무죽한 금녀를 충동여서 끌어 내고야 말았다. 하룻밤 더 살구나무를 엿보자는 것이었다.

옥분은 금녀보다도 바라지고 앙도라져서 금녀가 모르는 세상을 벌써 재빠르게 엿본 뒤였다. 오대산에서 강릉으로 우차를 몰아 재목을 실어 나르는 박 도령과는 달에 불과 몇 번밖에는 만날 수 없어서 그가 장날 장거리까지 내려오거나 그렇지 못하면 옥분이 윗마을 월정거리까지 출가 전에 눈을 훔쳐 가지고 올라가지 않으면 안 되었다.

그런 때에는 대개 밭에 일하러 간다고 탈하고 근 오 리 길을 걸어 올라가 월정사에서 나오는 길과 신작로가 합하는 곳에서 박 도령을 기다렸다가 좋이 밭머리나 개울가에 가서 묵은 회포를 이야기하곤 하였다. 나중에 어떻게 되리라는 계책도 서지 못한 채 다만 박 도령의 인금만을 믿고 늘 두근거리는 마음에 위험한 눈을 훔치곤 하였다. 한 이태 더 모아서 돈백이나 모이거든 강릉에 가서 살자고 번번이 언약을 하고 우차를 몰고 대관령 쪽으로 느릿느릿 걸어가는 뒷모양을 바라볼 때 번번이 가슴이 찌르르하였다.

거듭 만나는 동안에 남녀의 정이라는 것을 폭 안 옥분은 금녀와는 달라서 남녀의 세상에 유달리 마음이 쏠렸다.

금녀와 둘이 뒷마을을 나와 밭길을 들어갔을 때 달은 한창 밝아서 옥수수 수염과 피마주 대궁이 새빨갛게 달빛에 어리었다. 논둑에서 기다리고 있는 점순을 만나 한 패가 되어서 지름길을 들어서 살금살금 살구나무께로 향하였다. 사특한 마음으로가 아니라 주인집 동정을 살펴서 잘 알고 있음이 부리우는 사람으로서 마땅한 일 같아서 점순은 저녁 시중이 끝나자 약조하였던 금녀들을 기다리러 논둑에 나와 앉았던 것이다.

말없는 나무는 간밤이나 그밤이나 같은 태도, 같은 표정이었다. 금녀는 같은 나무에 두 번 오르기 마음이 허락지 않아 혼자 나무 아래에서 망을 보기로 하고 점순과 옥분을 올려보냈다. 집에서는 유성기 소리가 쉴새없이 들리더니 판이 끝나도 정신없이 버려 두어 판 갈리는 소리가 어느 때까지나 스르럭스르럭 들렸다.

나무 위에서 내려다보이는 집 안의 모양은 그 속에서 일할 때의 모양과는 퍽 달라서, 점순은 모든 것을 신기한 것으로 굽어보았다. 평상 위에 유성기를 내놓고 금녀의 말과 틀림없이 서울집과 재수 단둘이 앉아 달 밝은 밤이라 월식에 괴변은 없으나 정답게 수군거리고 있는 것도 신기하였으나, 열어젖힌 문으로 들여다보이는 방 안의 광경도 그 속에 있을 때와는 다르게 조촐하고 호화롭게만 보였다.

부러운 광경을 정신없이 내려다보는 동안에 점순은 이상하게도 다른 생각은 다 젖혀 놓고 서울집 인물에 비겨 재수의 인금은 보잘것없고, 그러므로 서울집을 훔친 재수는 호박을 딴 셈이오, 서울집으로서는 아깝다는, 그 자리에 당찮은 생각이 불현듯이 솟기 시작하였다.

언제인지 한번은 경대 위의 금반지를 훔친 일이 있어서 즉시로 발각되어 호되게 야단을 듣고 집을 쫓겨난 일이 있었으나, 그런 변을 당하여도 점순은 서울집을 미워하기커녕 더욱 어렵게 여기고 높이고 있었다. 사내가 그에게 반하듯이 점순도 그에게 반한 셈이었다. 여자로 태어나 마을의 뭇 사내들이 탐내는 그의 곁에서 지내게 되는 것을 다행으로 여겼다. 그러기에 한 번 쫓겨나면서도 구구히 빌어 다시 그 자리로 들어간 것이었다. 삼신할머니가 구석구석 잔손질을 해서 묘하게 꾸며 세상에 보낸 것이 바로 서울집이라고 점순은 생각하였다.

손발이 동자같이 작고 살결이 물에 씻긴 차돌같이 희었다. 콧날이 붕긋이 솟은 아래로 작은 입을 열면 새하얀 잇줄이 구슬을 머금은 것같이 은은히 빛났다.

점순이가 아무리 틈틈이 경대 속의 분을 훔쳐서 발라도 그의 살결을 본받을 수는 없었다. 검은 살결과 걱실걱실한 체대와 큰 수족을 늘 보이는 것이건만 그에게 보이기가 언제나 부끄러웠다. 열두 번 다시 태어난다고 하더라도 그의 몸맵시를 따를 수는 없을 것 같았다.

뒤안에 물통을 들여다 놓고 그 속에서 목물을 할 때 그 희멀건 등줄기를 밀어 주노라면 점순은 그 몸뚱어리를 그대로 덥석 안아 보고 싶은 충동이 솟곤 하였다. 여름 한때 새끼손가락 손톱에 봉숭아물이나 들이게 되면 누에 같은 손가락끝에 붉은 꽈리알을 띄운 것도 같아서 말할 수 없이 귀여운 감동을 자아내는 것이었다. 그 서울집이 재수 따위의 손안에서 허름하게 놀고 있음을 내려다보노라니 점순은 아까운 생각만 들었다. 즉시로 뛰어내려가 그 자리를 휘저어 놓고도 싶었다. 어느 때까지나 그대로 버려 두기 부당한, 속히 한바탕 북새를 일으켜 사이를 갈라 놓고 싶은 생각이 불현듯 솟기 시작하였다.

그대로 살면서 덮어만 둔다면 어느 때까지나 애매한 형태에게까지 알려지지 않을 것이 한되었다. 재수에게 대한 샘이 아니라 참으로 서울집에 대한 샘이었다.

그러나 점순이 그렇게 오래 걱정하지 않아도 좋은 것은 간밤 이상의 괴변이 금시에 눈 아래 장면 위에 일어난 것이다.

세상에는 기묘한 일이 간단히 생기는 까닭인지? 혹은 그 불측한 장면을 오래도록 허락하지 않으려는 뜻인지 참으로 뜻하지 않은 어처구니없는 일이 일어난 것이다. 그렇게라도 되지 않으면 형태에게 그 숨은 곡절은 알릴 길이 없었던 탓일까? 읍내에 갔던 형태가 별안간 나타난 것이다.

집을 떠난 지 여러 날 되기는 하나 하필 그 밤에 돌아오게 된 것은 귀신이 알린 탓이라고밖에는 생각할 수 없었다. 하기는 어느 날 어느 때 그 자리에 당장 돌아올는지도 모르면서 유유하게 정을 통하고 있는 남녀가 어리석은지도 모른다. 정에 빠진 남녀는 어리석어지는 법일까?

다따가 방문에서 불쑥 솟아 뒤안 툇마루에 나선 것이 형태임을 알았을때 옥분은 기급을 하고 점순에게로 몸을 쏠렸다. 나뭇가지가 흔들리며 살구가 후둑후둑 떨어졌으나 나무 위로 주의를 보내기에는 뒤안의 형세는 너무도 급박하였다.

평상 위에 서로 기대앉았던 남녀는 화다닥 자세를 바로잡으면서 물결같이 갈라졌다. 그 황급한 거동 앞에 막아선 형태의 육중한 몸은 마치 꿈 속의 무서운 가위 같아서 그 가위에 눌린 것이 별수없이 두 사람의 꼴이었다. 움츠러들었을 뿐 쩍소리도 없는데다가 형태 또한 바위같이 잠자코만 서서 한참 동안 자리는 고요할 뿐이었다. 검은 구름을 첩첩이 품은 채 천둥을 기다리는 무서운 순간이었다.

"대체 누구냐?"

지나쳐 상기된 판에 형태는 말조차 어리석었다. 하기는 재수가 아들임을 일순간 잊어버렸던지도 모른다.

"무엇들을 하고 있어?"

육중한 체대가 움직였을 때 서울집은 허둥지둥 평상에서 내려와 신을 신었다. 방으로 뛰어 들어가려고 툇마루 앞에 이르렀을 때 말도 없이 형태의 손에 머리쪽을 쥐었다. 새발의 피였다. 한 번 거세게 휘낚는 바람에 보잘것없이 풀싹 땅에 쓰러지고 말았다.

형태의 손찌검을 아는 점순은 아찔하여 그 자리로 기를 눌리고 말았다. 그 밤으로 무슨 변이 일어날지를 헤아릴 수 없는 판에 나무에서 유유하게 주인집 변사를 내려다보기가 무서웠다. 한시가 바쁘게 옥분을 붙들어 먼저 내려보내고 뒤이어 미끄러져라 하고 급스럽게 나무를 타고 내려섰다. 뒤안에서는 주고받는 말소리가 차차 똑똑해지고 금시에 큰 북새가 시작될 눈치였다. 간밤의 변괴보다는 확실히 더 놀라운 변고에 혼을 뽑힌 셋은 웬일인지 그 밤의 책임이 자기들에게도 있는 것 같아서 다시 돌아다볼 염도 못하고 꽁무니가 빠져라 논길을 뛰어나갔다.

이튿날 아침, 소문은 뒷마을에서부터 났다. 새벽쯤 해서 점순이 서울집으로 일을 하러 집을 나왔을 때 길거리에서 춘실네에게 간밤의 소식을 듣게 되었다. 재수는 당장에서 물푸레 나뭇가지로 물매를 얻어맞아 피를 흘리고 그 자리에 까무러쳐 쓰러진 것을 농군이 업어다가 뒷마을 집에 갖다 눕힌 채 아침까지 정신을 못 차리고 있다는 것이다. 전신이 부풀어올라서 모습까지 변한 것을 큰댁은 걱정하며 울며불며 일변 약을 지어다가 달인다, 푸닥거리 준비를 한다 집안은 야단이라는 것이었다.

　궁금해서 두근거리는 마음에 점순은 부리나케 앞마을로 뛰어나가 닫힌 채로의 서울집 대문을 열고 들어섰을 때 집 안은 빈 듯이 고요하였다. 겁이 덜컥 나서 마루에 뛰어올라 의걸이 놓인 방문을 열었을 때 예료대로 놀라운 꼴이었다. 이불을 쓰고 누운 서울집이 벌써 운명이나 하지 않았나 하고 급히 이불을 벗겼을 때, 살아 있는 증거로 눈을 뜨기는 하였으나 입에는 수건으로 자갈을 메웠고 볼에는 불에 데인 흔적이 끔찍하였다.

　몸을 움짓움짓은 하면서 일어나지 못하는 것은 굵은 바로 수족이 얽어매인 까닭이었다. 바를 풀고 자갈을 빼었을 때 서울집은 소생한 듯이 간신히 일어나 앉았다. 흩어진 머리와 상기된 눈과 어지러운 자태가 중병이나 치르고 일어난 병자 모양이었다. 이지러져 변모된 얼굴을 볼 때 점순은 눈물이 핑 돌았다.

"죄를 지었기로서니 이럴 법이 있나? 사람이 아니라 짐승이지."

이를 부드득 가는 서울집의 눈에도 눈물이 그렁그렁 어리었다. 구슬 같던 그 고운 얼굴이 벌겋게 데어서 살뜰하던 모습은 찾을 수도 없었다.

"사지를 결박하구 입을 틀어막구 인두로 얼굴과 다리를 지지데나그려. 아무리 시골놈이기루서 그런 악착한 것 본 적이 있나. 제나 나 사람은 매일반, 마음은 다 각각이지 인두를 달군대야 사람의 마음이야 어찌 휘일 수 있겠나. 이런 두메에 애초부터 자청하구 올 사람이 누군가? 산설구 물설구 인정조차 다른데 게다가 허구한 날 안에만 갇혀 한 걸음 길 밖에도 못 나가게 하니 전중이 생활인들 게서 더할까. 피가진 사람으로서 어찌 고향인들 안 그립구 사람인들 안 아쉽겠나? 갇힌 새두 하늘을 그리워하려니, 내가 그른지 놈이 악한지 뉘 알랴만 내 이 봉변을 당하구 가만 있을 줄 아나. 당장 주재소에 가 고소를 하구 징역을 시키구야 말겠네. 그 날이 나두 이 곳을 벗는 날이야. 생각할수록 분하구 원통하구!"

입술을 꼬옥 무니 이슬 같은 눈물이 방울방울 솟아 상한 두 볼 위로 흘러내렸다.

점순도 덩달아 눈물이 솟으며 무도한 형태의 행실을 속으로 한없이 노여워하고 미워하였다. 만약 사내라면 그놈을 다구지게 해내고 싶은 생각도 들었고, 간밤에 달려들어 말리지도 못하고 변이 일어난 줄을 알면서도 그 자리를 피해 간 비겁한 행동을 그지없이 뉘우치기도 하였다.

반드시 태인과 남편 만손의 사이에 든 자신의 처지를 생각하여서가 아니라 참으로 마음 속으로부터 서울집의 처지를 측은히 여겨서였다. 그러나 위로할 말을 몰라 다만 콧물을 들이키면서, 일상 쥐어 보고 싶던 서울집의 고운 손을 큰 손아귀에 징긋이 쥐어 볼 뿐이었다.

3

형태는 부락스러운 고집에 겉으로는 부드러운 낯을 지니나 속으로는 심화가 솟아올라 그 어느 때나 술기에 눈알을 붉게 물들이고는 장거리에서 진종일을 보내곤 하였다. 옆사람들의 수군거리는 눈치와 소문을 유하게 깔아 버리고는 배포 유하게 거들거렸다. 화풀이로 면장 운동에 마음을 돌리는 수밖에는 없어서, 술집에서 장 구장을 데리고 궁리와 책동에 해 가는 줄을 몰랐다. 장 구장은 기왕에 구장으로 있다가 최 면장이 들어서자 떨어진 축이어서, 형태가 면장을 하게 되면 다시 구장으로 들어앉자는 것이 그의 원이었고 두 사람이 공모하는 뜻도 거기에 있었다.

원래 면장 운동은 가주 시작된 것이 아니라 벌써 오래 전부터 형태가 책모하여 오던 바였다. 박달나무로 하여 돈을 벌게 되자 마을에서 낯이 높아진 것이 그 원을 품게 한 근본 원인이었고, 면장이 되면 윗마을과 뒷마을에 있는 소유의 전답에 유리하도록 마을 사람들의 부역을 내서 길과 도랑을 고쳐 내겠다는 것이 둘째 희망이었다.

그러나 그보다도 더 절실한 원인은 최 면장에 대한 감정이었으니, 전에 역군을 다녔던 형태가 지벌이 낮다고 최 면장에게서 은근히 멸시를 받고 있는 것과, 아들 재수가 최 면장의 아들 학구보다 재물이 훨씬 떨어지는 것을 불쾌히 여기는 편협심에서 오는 것이었다. 부전자전으로 자기가 글을 탐탁하게 못 배운 까닭으로 자식도 그렇게 둔재인가 하여 뒤치송할 재산은 있는데도 불구하고 재수가 단지 재주가 부실한 탓으로 춘천고등학교도 7년 만에야 간신히 마치고 나오게 된 것을 형태는 부끄러워하고 한되게 여겼다. 한편 최 면장의 아들 학구는 재수와 동갑으로, 한 해에 보통 학교를 마쳤으나 서울 가서 웃학교를 마치고는 전문학교에까지 들어가게 되었다.

선비와 역군의 집안의 차이를 실제로 눈앞에 보는 것 같아서 형태로서는 마음이 괴로웠다. 최 면장은 어려운 가운데에서 자식 하나만을 바라고 그에게 정성을 다 바쳤다. 몇 마지기 안 되는 땅까지 팔아 버렸고, 그 위에 눈총을 맞아 가면서도 면장의 자리를 눅진히 보존해 가는 것은 온전히 자식 때문이었다. 학구가 학교를 졸업할 때까지는 아무런 일이 있어도 그 자리를 비벼 나갈 생각이었다. 그런 점으로서 형태와는 드러나게 대립이 되어도 하는 수 없는 노릇이었다.

그러나 그뿐이 아니었다. 참으로 무서운 최 면장의 비밀을 형태는 손아귀에 움켜쥐고 있었다. 학비의 보충을 위하여 회계원과 짜고 여러 번째 장부를 고치고 공금에 손을 댄 것이었다. 면장 운동에 뜻을 둔 때부터 형태는 면장의 흠을 모조리 찾아내려고 하던 판에 회계원을 감쪽같이 매수하여 그에게서 공금 횡령의 비밀을 샅샅이 들추어 내었던 것이다.

그런 눈치를 알아챘었는지 어쨌는지 최 면장은 모든 것을 모르는 체 다만 학구가 학교를 마칠 때까지를 목표로 시치미를 떼는 것이었으나, 형태는 형태로서 네 속을 다 뽑아 쥐고 있다는 듯한 거만한 배짱으로 모든 수단이 다 틀리면 그 뽑아 쥔 비밀을 마지막 술책으로 쓰리라고 음특하게 벼르고 있었다. 하기는 그는 벌써 최 면장이 좀체 속히 물러앉지 않을 줄을 짐작하고 이번 읍내길에서도 군수에게 공금의 비밀을 약간 귀띔하고 온 터였다. 군수는 기회를 보아서 내막을 철저히 조사시켜 폭로시킨 후 적당한 조치를 하겠다고 언약하였다.

군수를 그만큼까지 후리기에는 상당한 물재도 들었으니 이번 길만 하여도 꿀과 버섯의 선사뿐이 아니라 실상은 논 한 자리까지 남몰래 팔았던 것이다. 군수의 일상 원이 일등 명기를 앞에 놓고 은주전자, 은잔으로 맑은 국화주를 마시는 운치였다. 일등 명기야 형태의 수완으로도 어쩌는 수 없는 것이었으나 은주전자, 은잔쯤은 그의 힘으로 족히 자라는 것이어서, 이번 기회에 수백금을 들여 실속 있는 한 상을 갖추어 준 것이었다. 군수가 사양치 않은 것은 물론이며, 그렇게 여러 번째 미끼를 흐뭇이 들여 놓고 이제는 다만 속한 결과를 기다리게만 되었다. 평생 원을 풀 수만 있다면 그 모든 미끼의 희생쯤은 그에게는 보잘것없이 허름한 것이었다. 군수의 인품을 믿고 있는 것만큼 조만간 뜻대로의 결과가 올 것이 확실은 하였으나 될 수 있는 대로 그것이 속하였으면 하고 마음은 늘 초조하였다.

더구나 가정에 변이 생긴 후로는 어떠한 희생을 내서라도 기어이 뜻을 이루어야만 세상 사람들의 조롱과 웃음의 몇분의 하나라도 설치*가 될 것이요, 지금까지 애써 온 보람도 있을 것이며, 맺힌 마음의 짐도 넌지시 풀어 부끄러운 집안의 변괴도 잊어버릴 수 있으리라고 생각되어 더욱 초조하였다.

술집에 자리를 잡고 허구한 날 거나하여서 충혈된 눈을 험상궂게 굴리곤 하였다.

장날 저녁이었다. 형태는 영월네 골방에서 구장과 잔을 거듭하다가 마침내 최 면장을 부르러 사람을 보냈다. 주석을 이용하여 마음을 떠보고 싸움을 거는 것이 요사이의 형태여서 장날과 평일도 헤아리지 않았다. 실상은 요사이 장 구장을 통하여, 혹은 직접으로 그의 비밀을 한두 사람씩에게 차차 전포시키는 중이었다. 민심을 소란케 하여 그를 배반하게 하자는 생각이었다. 최 면장은 굳이 안 올 리가 없으며, 불과 두어 번 잔이 돌았을 때 형태는 차차 말을 풀어내기 시작하였다.

"정사에 얼마나 골몰한가. 덕택에 난 이렇게 술 잘 먹구 돈 잘 쓰고 태평하게 지내네만!"

돈 잘 쓴다는 말과 은근히 관련시키려는 듯이,

"학구 공부 잘 하나. 들으니 한다 하는 사상가라지. 최씨 집안에야 인물이구말구. 그러나 쓸데없는 걱정 같지만, 주의니 무어니 할 때 단

---

* 설치(雪恥) 부끄럼을 씻음. 설욕.

단히 단속하지 않으면 까딱하다 큰일나리. 푸른 시절에는 물들기두 쉽구 저지르기두 쉬운 법이요, 더구나 이게 무서운 시절 아닌가. 어련하겠나만 사귀는 동무 주의하라고 신신당부해 주게."

비꼬는 말인지 동정하는 말인지 속뜻을 알 수 없어 최 면장은 대답할 바를 몰랐다. 장 구장과의 틈에 끼여 얼뻥뻥할 뿐이었다.

"다 아는 형편에 뒤치송하기 얼마나 어렵겠소만, 면장 이건 귓속말인데 사정두 딱하게는 되었소."

은근한 말눈치에 어안이벙벙하여 있을 때 장 구장은 입을 가까이 가져오며 짜장 귓속말로 무서운 것을 지껄였다.

"미안한 말 같지만 사직을 하려거든 지금이 차라리 적당한 시기인가 하오. 더 끌다가는 큰 봉변할 것 같으니 말이오."

최 면장은 뜨끔도 하였거니와 별안간 홍두깨같이 불쑥 내미는 불쾌한 말투에 관자놀이에 피가 바짝 솟아오르며 몸이 화끈 달았다.

"무슨 소리요?"

단 한 마디 짧게 퉁명스럽게 내쏘았다.

"노여워할 것이 아닌 것이 지금은 벌써 공연의 비밀이 되었소. 거리의 사람뿐이 아니라 멀리 읍내에까지도 알려져서 면내에서 모모하는 사람들 사이에는 공론이 자자한 판이요."

"대체 무슨 소리란 말요?"

면장은 모르는 결에 얼굴이 불끈 달며 언성이 높아졌다. 구장은 반대로 이번에는 목소리는 낮추었으나 그러나 다음 마디는 천근의 무게가 있는 것이었다.

"아마도 윤 회계원의 입에서 말이 난 모양이오. 세상에서 누구를 믿겠소."

붉어졌던 면장의 낯은 금시에 새파랗게 질리며 입이 굳어지고 말문이 막혔다. 형태와 구장은 듬짓이 침묵하고 던진 말의 효과를 가늠보고 있는 듯이 눈길을 아래로 향하였다. 불쾌한 침묵이었으나 그러나 면장은 즉시 침착을 회복하고 낯빛을 바로잡을 수 있었다. 설레지 않는 그의 어조는 막혔던 방 안의 공기를 다시 풀어 버렸다.

"그만하면 말 뜻을 알겠네만 과히 염려들 할 것은 없네. 일이라는 것이 나구 보아야 옳고 그른 것을 시비할 수 있는 것이지 부질없이 소문에 사로잡힐 것은 아니야. 난 나로서 충분히 내 각오가 있으니 염려들은 말게."

밉살스러우리만큼 침착한 어조는 도리어 반감을 돋우었다. 형태의 말 속에는 확실히 은근한 뼈가 숨어 있었다.

"각오라니 무슨 각온지는 모르겠으나 일이 크게 되면 낭패가 아닌가. 들으니 읍에서는 군수두 쉬이 출장와서 조사를 하리라는 소문인데 그렇게 되면 무슨 욕이 돌아올지 헤아릴 수나 있나? 일이 터지기 전에 취할 적당한 방책도 있지 않을까 해서 이르는 말이 아닌가."

마디마디 꼭꼭 박아 대는 말에 면장은 화가 버럭 나서 드디어 고성대갈 호통을 하였다.

"이르는 말이구 무엇이구 다 그만둬. 그 속 다 알고 그 흉계 뉘 모르리. 군수를 끼구 책동하는 줄도 다 안다. 내야 어떻게 되든 어디 할 대루 해 봐라."

"무엇을 믿구 큰소린구. 해 보구말구, 나중에 뉘우치지나 말게."

벌써 피차에 감출 것이 없어 속뜻과 싸움은 노골적으로 드러나게 되었다.

"뉘우칠 것두 없구 겁날 것두 없다. 무슨 술책을 써서든지 할 대루 해 봐라."

면장은 붉은 낯에 입술은 푸르면서 육신이 부르르 떨렸다.

"이 사람 어둡기두 하다. 일이 벌써 어떻게 된 줄두 모르구 큰소리만 탕탕 하니."

"고얀 것들, 이러자구 사람을 불러냈어? 같지않은 것들."

차려진 술잔을 밀쳐 버리고 면장은 성큼 자리를 일어섰다. 면장은 유들유들한 웃음소리가 터지자 참을 수 없는 노염에 술상을 발로 차 버리고 문 밖으로 뛰어나갔다. 통쾌하다는 듯이, 계획은 거의 다 성사되었다는 듯이 형태는 눈초리를 지그시 주름잡고 구장을 바라보면서 한바탕 웃음을 쳤다.

면장 운동에는 차차 성공하여 가는 형태지만 속은 늘 심화가 나고 찌부둥하여서, 변괴가 있은 후로는 아직 한 번도 서울집에는 들어가지 않고 큰집이 아니면 거리에서 밤을 지내 오는 것이었다.

은근히 기뻐하는 것은 큰댁이어서, 아들이 앓아누운 것을 보면 뼈가 아프기는 하였으나 그러나 그것을 한 기회 삼아 한편 남편의 마음을 돌리기에 애쓰고, 밖에 나가서는 일방 앓아누운 서울집에 치성을 드리기가 날마다의 행사였다. 속히 일어나라는 치성이 아니라 그대로 살며시가 버리라는 치성이었다.

밤이 어둑어둑만 해지면 남편 몰래 새옹에 메를 짓고 맑은 물을 떠 가지고는 뒷동산 고목나무 아래나 서낭숲이나 개울가에 나가서 염라대왕에게 손을 모으고 비는 것이었다. 산귀신·물귀신, 귀신의 이름은 모조리 외우며 치마틈에 만들어 넣었던 손각시를 불에도 사르고 물에도 띄우고 땅에 묻고 하여 은근히 서울집의 앞길을 저주하였다.

원래 강릉집 때부터 치성을 즐겨하여 강릉집이 기어이 실종이 된 것은 온전히 치성 덕이라고 생각하였다. 서울집이 오면서부터는 더욱 심하여서 어떤 때에는 50리나 되는 오대산에 가서 고산 치성도 드렸고, 내려오던 길에 월정사에 들려 연꽃 치성도 드렸다. 이번에 서울집의 변괴도 재수의 허물로는 돌리지 않고 치성 덕으로 서울집에게로 내려진 천벌이라고 생각하였다. 내친걸음에 서울집을 영영 없애 달라는 것이 치성할 때마다의 절실한 원이었다.

형태로서는 치성은 질색이어서 큰댁의 우매한 꼴을 볼 때마다 한바탕 북새를 일으키고야 말았다.

재수가 자리에서 일어나자 하루 아침 가만히 도망을 간 것은, 여름도 한참 짙었을 때 형태의 심중이 가지가지 일에 무덥게 지글지글 끓어오를 때였다. 한편 걱정되지 않는 바도 아니었으나 차라리 한시름 놓은 것 같아서 시원도 했다. 신통치도 못한 조합 서기쯤 그만두고 멀리 가버림이 마을 사람들의 기억에서도 사라질 것이요, 차차 죄를 벗는 길도 될 것으로 생각되어서 차라리 한시름 놓는 것 같았다. 다만 걱정되는 것은 불미한 생각을 일으키고 그 어느 구석에 가서 자진이나 하지 않았을까 하는 것이었다.

그 날 아침 집안은 요란하게 설레고 마을을 아래위로 훑으면서 헤매었다. 주재소에 수색원까지 내고 들끓었으나 그러나 그렇게까지 걱정할 것이 없는 것은, 실상 재수의 도망은 큰댁의 지시요 계책이었던 것이다. 그날 새벽 강에 나가 치성을 마친 큰댁은 아들을 '속사리' 재 아래까지 불러내서 등대하고 있다가 강릉서 넘어오는 첫 자동차에 태워서 앞대로 내보낸 것이었다.

거리에서 차를 타면 들킬 것을 염려하여 5릿길이나 미리 나와 섰던 것이다. 전대 속에 알뜰히 모아 두었던 근 백여 소수의 돈을 전대째로 아들에게 주면서 마을에서 소문이 사라질 때까지 어디든지 앞대로 나가 구경 겸 어느 때까지든지 바람을 쐬라는 당부를 거듭하면서, 운전수가 재촉의 고동을 몇 번이나 울릴 때까지 찻전을 붙들고 서서 눈물겨운 목소리로 서러워하였다. 그러나 물론 집에 돌아와서는 그런 눈치는 까딱 보이지 않으며 집안 사람에게 휩쓸려 도리어 아들의 간 곳을 걱정하는 모양을 보였다. 재수의 처치가 제물에 된 후로 패었던 형태의 마음 한 구석이 파묻힌 것은 사실이었으나 그렇게 되면 서울집의 존재가 머릿속에 더한층 똑똑하게 떠올랐다.

그러나 그대로 어느 때까지 버려 두는 수밖에 별다른 처리의 방책은 없었다. 한번 흠이 든 것이니 시원히 버려 볼까도 생각하였으나 도저히 할 수는 없는 노릇임을 깨달았다. 속사리 버덩의 일곱 마지기를 팔아 버린 것이 아까워서가 아니라, 아무리 흠이 들었다고는 하더라도 아직도 그에게로 쏠리는 정을 끊어 버릴 수는 없었다. 정이란 마치 헝클어진 실뭉치같아서, 한쪽을 끊어도 다른 쪽이 매이고, 끊은 줄 알았던 줄이 다시 걸리고 하여서 하루 아침에 칼로 벤 듯이 시원히 끊어 버릴 수는 없는 노릇이었다.

　　포악스럽게는 굴었어도 아직도 서울집에 대한 정은 줄줄 헝클어져 그의 마음 갈피에 주체스럽게 걸리고 감기는 것이었다. 그 위에 세월이라는 것은 무서워서, 처음에는 살인이라도 날 것 같던 것이 차차 분이 사라졌고, 봉욕에 치가 떨리고 몸이 화끈 달던 것이 지금은 그것도 차차 식어가서 그대로 가면 가을에 찬바람이 나돌 때까지에는 분도 풀리고 마음도 제대로 가라앉을 것 같았고, 일이 뜻대로 되어 면장으로나 들어앉게 되면 무서운 상처는 완전히 사라질 듯도 하였다. 다만 서울집의 마음이 자기의 마음같이 가라앉고 회복될까 하는 것이 의심이었다.

　　한때의 실책이었던지 그렇지 않으면 정이 벌어졌던 탓인지 그의 마음을 좀체 들여다볼 수는 없었다. 늘 밖을 그리워하는 눈치를 보아서는 마음 속이 심상치 않은 것도 같았기 때문이다. 집에 누운 채 얼굴과 다리의 상처에는 약국에서 가져온 고약을 바르고 일변 보약을 달여 먹도록 시키기만 하고 형태는 아직 한 번도 들여다보지는 않았으나, 서울집에 대한 의혹이 생길 때에는 불현듯이 정이 불꽃같이 타오르며 그를 만나고 싶은 생각이 유연히 솟아올랐다. 그럴 때에는 면장 운동보다도 오히려 더 큰 열정이 그를 송두리째 사로잡으며, 서울집을 잃는다면 그까짓 면장은 얻어 해 뭣하노 하는 생각조차 들었다.

산

1

나무하던 손을 쉬고 중실은 발 밑에 깨금나무* 포기를 들췄다. 지천으로 떨어지는 깨금알이 손 안에 오르르 들었다. 익을 대로 익은 제철의 열매가 어금니 사이에서 오드득 두 쪽으로 갈라졌다.

돌을 집어던지면 깨금알같이 오드득 깨어질 듯한 맑은 하늘! 물고기 등같이 푸르다. 높게 뜬 조각구름 떼가 햇볕에 뿌려진 조개껍질같이 유난스럽게도 한편에 옹졸봉졸 몰려들었다. 높은 산등이라 하늘이 가까우련만 마을에서 볼 때와 일반으로 멀다. 구만 리일까, 십만 리일까? 골짜기에서의 생각으로는 산기슭에만 오르면 만져질 듯하던 것이 산허리에 나서면 단번에 구만 리를 내빼는 가을 하늘!

산 속의 아침 나절은 졸고 있는 짐승같이 막막은 하

개암나무

---

* 깨금나무   개암나무. 자작나무과의 넓은잎 떨기나무. 열매는 견과로 10월에 익는데 식용, 약용으로 쓰인다.

나 숨결이 은근하다. 휘엿한 산등은 누워 있는 황소의 등허리요, 바람결도 없는데 쉴새없이 파르르 나부끼는 사시나무 잎새는 산의 숨소리다. 첫눈에 띄는 하얗게 분장한 자작나무는 산 속의 일색. 아무리 단장한대야 사람의 살결이 그렇게 흴 수 있을까?

수북 들어선 나무는 마을의 인총*보다도 많고 사람의 성보다도 종자가 흔하다. 고요하게 무럭무럭 걱정없이 참 잘들 자란다. 산오리나무·물오리나무·가락나무·참나무·졸참나무·박달나무·사수래나무·떡갈나무·피나무·물가리나무·싸리나무·고로쇠나무, 골짜기에는 산사나무·아그배나무·갈매나무·개옻나무·엄나무, 산등에 간간이 섞여 어느 때나 푸르고 향기로운 소나무·잣나무·전나무·향나무·노가지나무 —— 걱정없이 무럭무럭 잘들 자라는 —— 산 속은 고요하나 웅성한 아름다운 세상이다.

과실같이 싱싱한 기운과 향기, 나무 향기, 흙냄새, 하늘 향기, 마을에서는 찾아볼 수 없는 향기다.

낙엽 속에 파묻혀 앉아 깨금을 알뜰히 바수는* 중실은 이제 새삼스럽게 그 향기를 생각하고 나무를 살피고 하늘을 바라보는 것이 아니었다. 그런 것은 한데 합쳐서 몸에 함빡 젖어들어 전신을 가지고 모르는 결에 그것을 느낄 뿐이다. 산과 몸이 빈틈없이 한데 얼린 것이다.

눈에는 어느 결엔지 푸른 하늘이 물들었고 피부에는 산 냄새가 배었다. 바심할* 때의 짚북데기*보다도 부드러운 나뭇잎 —— 여러 자 깊이로 쌓이고 쌓인 깨금잎·가랑잎·떡갈잎의 부드러운 보료 —— 속에 목을 파묻고 있으면 몸뚱어리가 마치 땅에서 솟아난 한 포기의 나무와도 같은 느낌이다.

---

* 인총(人總) 인구.
* 바수다 여러 조각이 나게 두드려 잘게 깨뜨리다.
* 바심하다 타작하다. 곡식의 이삭을 떨어서 낟알을 거두다.
* 짚북데기 짚이 아무렇게나 엉킨 뭉텅이.

소나무·참나무 총중*의 한 대의 나무다. 두 발은 뿌리요, 두 팔은 가지다. 살을 베면 피 대신에 나뭇진이 흐를 듯하다. 잠자코 섰는 나무들의 주고받는 은근한 말을, 나뭇가지의 고갯짓하는 뜻을, 나뭇잎의 소곤거리는 속셈을, 총중의 한 포기로서 넉넉히 짐작할 수 있다.

해가 쬘 때에 즐겨하고 바람 불 때 농탕치고 날 흐릴 때 얼굴을 찡그리는 나무들의 풍속과 비밀을 역력히 번역해 낼 수 있다. 몸은 한 포기의 나무다.

별안간 부드득 솟아오르는 힘을 느끼고 중실은 벌떡 뛰어 일어났다. 쭉 펴는 네 활개에 힘이 뻗쳐 금시에 그대로 하늘에라도 오를 듯싶다. 넘치는 힘을 보낼 곳 없어 할 수 없이 입을 크게 벌리고 하늘이 울려라 고함을 쳤다. 땅에서 솟는 산 정기의 힘찬 단순한 목소리다.

산이 대답하고 나뭇가지가 고갯짓한다. 또 하나 그 소리에 대답한 것은 맞은편 산허리에서 불시에 푸드득 날아 뜨는 한 자웅의 꿩이었다. 살찐 까투리의 꽁지를 물고 나는 장끼의 오색 날개가 맑은 하늘에 찬란하게 빛났다.

살찐 꿩을 보고 중실은 문득 배가 허출함을 깨달았다. 아래편 골짜기 개울 옆에 간직하여 둔 노루고기와 가랑잎에 싸둔 개꿀*이 있음을 생각하고 다시 낫을 집어들었다.

첫참 때까지에는 한 짐을 채워 놓아야 파장되기 전에 읍내에 다다르겠고, 팔아 가지고는 어둡기 전에 다시 산으로 돌아와야 할 것이다. 한참 쉰 뒤라 팔에는 기운이 남았다.

버스럭거리는 나뭇잎 소리가 품 안에 요란하고, 맑은 기운이 몸을 한 바탕 멱감긴 것 같다. 산은 마을보다 몇 곱절 살기 좋은가! 산에 들어오기를 잘했다고 중실은 생각하였다.

* 총중　한 떼의 가운데.
* 개꿀　벌통에서 떠낸, 벌집에 들어 있는 상태의 꿀.

2

세상에 머슴살이같이 잇속 적은 생업은 없다.

싸울래 싸운 것이 아니라 김 영감 편에서 투정을 건 셈이다. 지금 와 보면 처음부터 쫓아낼 의사였던 것이 확실하다. 중실은 머슴 산 지 칠팔 년에 아무것도 쥔 것 없이 맨주먹으로 살던 집에서 쫓겨났다. 원통은 하였으나 애통하지는 않았다.

해마다 사경을 또박또박 받아 본 일 없다. 옷 한 벌 버젓하게 얻어 입은 적 없다. 명절에는 놀이할 돈도 푼푼이 없이 늘 개 보름 쇠듯* 하였다. 장가들이고 집 사고 살림을 내준다던 것도 헛소리였다.

첩을 건드렸다는 생똥 같은 다짐이었으나 그것은 처음부터 계책한 억지요, 졸색의 등글개 따위에는 손댈 염도 없었던 것이다. 빨래하러 갔던 첩과 동구 밖에서 마주쳐 나뭇짐을 지고 앞서고 뒤서서 돌아왔다고 의심받을 법은 없다.

첩과 수상한 놈팡이는 도리어 다른 곳에 있는 것을, 애매한 중실에게 엉뚱한 분풀이가 돌아온 셈이었다. 가살스런* 첩의 행실을 휘어잡지 못하고 늘그막판에 속태우는 영감의 신세가 하기는 가엾기는 하다. 더욱 얼크러질 앞일을 생각하고 중실은 차라리 하직하고 나온 것이었다.

넓은 하늘 밑에서도 갈 곳이 없다. 제일 친한 곳이 늘 나무하러 가던 산이었다. 짚북데기보다도 부드러운 두툼한 나뭇잎의 맛이 생각났다. 그 넓은 세상은 사람을 배반할 것 같지는 않았다. 빈 지게만을 짊어지고 산으로 들어갔다. 그 속에서 얼마 동안이나 견딜 수 있을까가 한 시험도 되었다.

---

* **개 보름 쇠듯 한다** 남들은 다 잘 먹고 지내는 명절 같은 날에 제대로 먹지도 못하고 지냄을 비유적으로 이르는 말.
* **가살스럽다** 보기에 가량맞고 야살스러운 데가 있다.

박중골에서도 오 리나 들어간, 마을과 사람과는 인연이 먼 산협이다. 산등이 펑퍼짐하고 양지 쪽에 해가 잘 쬐고 골짜기에 개울이 흐르고 개울가에 나무열매가 지천으로 열려 있는 곳이다. 양지 쪽에서는 나무하러 왔다 낮잠을 잔 적도 여러 번이있다. 개울가에 불을 피우고 밭에서 뜯어 온 옥수수 이삭을 구웠다. 수풀 속에서 찾은 으름과 나뭇가지에 익어 시든 아그배*와 산사*로 배가 불렀다. 나뭇잎을 모아 그 속에 푹 파고든 잠자리도 그다지 춥지는 않았다.

이튿날 산을 헤매다가 공교롭게도 주영나무 가지에 나지막하게 달린 벌집을 찾아냈다. 담배 연기를 피워 벌 떼를 어지러뜨리고 감쪽같이 집을 들어냈다. 속에는 맑은 꿀이 차 있었다.

사람은 살게 마련인 듯싶었다. 꿀은 조금으로도 요기가 되었다. 개*와 함께 여러 날 양식이 되었다.

꿀이 다 떨어지지도 않은 그저께 밤에는 맞은편 심산에 산불이 보였다. 백일홍같이 새빨간 불꽃이 어둠 속에 가깝게 솟아올랐다. 낮부터 타기 시작한 것이 밤에 들어가서 겨우 알려진 것이다.

누에에게 먹이는 뽕잎같이 아물아물해지는 것 같으나 기실은 한자리에서 아롱아롱 타는 것이었다. 아귀의 혀끝같이 널름거리는 불꽃이 세상에도 아름다웠다. 울 밑의 꽃보다도, 비단결보다도, 무지개보다도, 맨드라미보다도 곱고 장하다.

중실은 알 수 없이 신이 나서 몽둥이를 들고 산등을 달아오르고 골짜기를 건너 불붙은 곳으로 끌려 들어갔다. 가깝게 보이던 것과는 딴판으로 꽤 멀었다. 불은 산등에서 산등으로 들러붙어

산사

---

* 아그배 아그배나무의 열매. 모양은 배와 비슷하나 아주 작고 맛이 시고 떫음.
* 산사 산사자. 산사나무에 열리는 열매. 약용 또는 식용함.
* 개 꿀벌이 애벌레를 기르거나 꽃꿀, 꽃가루 따위를 저장하기 위해 만든 벌집.

골짜기로 타 내려갔다. 화기가 확확 튀어 가까이 갈 수 없었다.

후끈후끈 무더웠다. 나무뿌리가 탁탁 튀며 땅이 쨍쨍 울렸다. 민출한 자작나무는 가지가지에 불이 피어올라 한 포기의 산호수 같은 불나무 (땔나무)로 변하였다. 헛되이 타는 모두가 아까웠다. 중실은 어쩌는 수 없이 몽둥이를 쓸데없이 휘두르며 불테두리를 빙빙 돌 뿐이었다. 불은 힘에 부치는 것이었다.

확실히 간 보람은 있었다. 그슬러진 노루 한 마리를 얻은 것이다. 불테두리를 뚫고 나오지 못한 노루는 산골짜기에서 뱅뱅 돌다 결국 불벼락을 맞은 것이다. 물론 그것을 얻은 때는 불도 거의 다 탄 새벽녘이었으나 외로운 짐승이 몹시 가여웠다.

그러나 이미 죽은 후의 고기라 중실은 그것을 짊어지고 산으로 돌아갔다. 사람을 살리자는 산의 뜻이라고 비위 좋게 생각하면 그만이었다. 여러 날 동안의 흐뭇한 양식이 되었다. 다만 한 가지 그리운 것이 있었다. 짠맛 —— 소금이었다.

사람은 그립지 않으나 소금이 그리웠다. 그것을 얻자는 생각으로만 마을이 그리웠다.

3

힘에 자라는 데까지 졌다.

이십 리 길을 부지런히 걸으려니 잔등에 땀이 내뱄다. 걸음을 따라 나뭇짐이 휘춘휘춘 앞으로 휘었다.

간신히 파장 전에 대었다.

나무를 판 때의 마음이 이 날같이 즐거운 적은 없었다.

물건을 산 때의 마음도 이 날같이 즐거운 적은 없었다.

그것은 가장 필요한 물건이기 때문이다.

나무 판 돈으로 중실은 감자 말과 좁쌀 되와 소금과 냄비를 샀다.

산 속의 호젓한 살림에는 이것으로 족하리라고 생각되었다. 목숨을 이어가는 데 해어(바닷물고기)쯤이 없으면 어떨까도 생각되었다.

올 때보다 짐이 단출하여 지게가 가벼웠다. 거리의 살림은 전과 다름없이 어수선하고 지저부레하였다. 더 나아진 것도 없으려니와 못해진 것도 없다.

술집 골방에서 와자지껄하고 싸우는 것도 전과 다름없다.

이상스러운 것은 그런 거리의 살림살이가 도무지 마음을 당기지 않는 것이다. 앙상한 사람들의 얼굴이 그다지 그리운 것이 아니었다.

무슨 까닭으로 산이 이렇게도 그리울까? 편벽된 마음을 의심도 하여 보았다. 그러나 별로 이치도 없었다. 덮어놓고 양지쪽이 좋고 자작나무가 눈에 들고 떡갈잎이 마음을 끄는 것이다. 평생 산에서 살도록 태어났는지도 모른다.

김 영감의 그 후의 소식은 물어 낼 필요도 없었으나 거리에서 만난 박 서방 입에서 우연히 한 구절 얻어 듣게 되었다.

병든 등글개첩은 기어이 김 영감의 눈을 감춰 최 서기와 줄행랑을 놓았다. 종적을 수색 중이나 아직도 오리무중이라 한다.

사랑방에서 고시랑고시랑* 잠을 못 이룰 육십 노인의 꼴이 측은하게 눈에 떠올랐다.

애매한 머슴을 내쫓았음을 뉘우치리라고도 생각되었다. 그러나 중실에게는 물론 다시 살러 들어갈 뜻도, 노인을 위로하고 싶은 친절도 가지기 싫었다.

다만 거리의 살림이라는 것이 더 한층 어수선하게 여겨질 뿐이다. 산으로 향하는 저녁길이 개운하다.

---

* 고시랑고시랑 못마땅하여 군소리를 좀스럽게 자꾸 하는 모양.

4

개울가에 냄비를 걸고 서투른 솜끼로 지은 저녁을 마쳤을 때는 밤이 적이 어두웠다.

깊은 하늘에 별이 총총 돋고 초승달이 나뭇가지를 올가미지웠다.

새들도 깃들이고 바람도 자고 개울물만이 쫄쫄쫄쫄 숨쉰다. 검은 산등은 잠든 황소다.

등걸불*이 탁탁 튄다. 나뭇잎 타는 냄새가 몸을 휩싸며 구수하다. 불을 쬐며 담배를 피우니 몸이 훈훈하다. 더 바랄 것 없이 마음이 만족스럽다.

한 가지 욕심이 솟아올랐다.

밥 짓는 일이란 머슴의 할 일이 못 된다. 사내자식은 역시 밭 갈고 나무하는 것이 옳은 것이다. 장가를 들려면 이웃집 용녀만한 색시는 없다. 용녀를 데려다 밥일을 맡길 수밖에 없다고 생각하였다.

용녀를 생각만 하여도 즐겁다. 궁리가 차례차례로 솔솔 풀렸다.

굵은 나무를 베다 껍질째 도막을 내어 양지 쪽에 쌓아올려 단칸의 조촐한 오두막을 짓겠다. 펑퍼짐한 산허리를 일궈 밭을 만들고 봄부터 감자와 귀리를 갈 작정이다.

오랍뜰*에 우리를 세우고 염소와 도야지와 닭을 칠 터. 산에서 노루를 산 채로 붙들면 우리 속에 가둬 기르고, 용녀가 집일을 하는 동안에 밭을 가꾸고 나무를 할 것이며, 아이가 나면 소같이 산같이 튼튼하게 자라렷다. 용녀가 만약 말을 안 들으면 밤중에 내려가 가만히 업어 올걸. 한번 산에만 들어오면 별수없지.

불이 거의거의 이스러지고 물 소리가 더 한층 맑다.

---

* **등걸불** 나뭇등걸을 태우는 불.
* **오랍뜰** '오래뜰'의 사투리. 대문이나 중문 안에 있는 뜰.

별들이 어지럽게 깜박거린다. 달이 다른 나뭇가지에 걸렸다.

나머지 등걸불을 발로 비벼 끄니 골짜기는 더 한층 막막하다.

어느 때인지 산 속에서는 때도 분별할 수 없다.

자기가 이른지 늦은지도 모르면서 나무 밑 잠자리로 향하였다.

낟가리같이 두두룩하게 쌓인 낙엽 속에 몸을 송두리째 파묻고 얼굴만을 빼꼼히 내놓았다.

몸이 차차 푸근하여 온다.

하늘의 별이 와르르 얼굴 위에 쏟아질 듯싶게 가까이 왔다 멀어졌다 한다.

별 하나 나 하나, 별 둘 나 둘, 별 셋 나 셋……

어느 결엔지 별을 세고 있었다. 눈이 아물아물하고 입이 뒤바뀌어 수효가 틀려지면 다시 목소리를 높여 처음부터 고쳐 세곤 하였다.

별 하나 나 하나, 별 둘 나 둘, 별 셋 나 셋……

세는 동안에 중실은 제 몸이 스스로 별이 됨을 느꼈다.

가을과 산양

화단 위 해바라기 송이가 칙칙하게 시들었을 땐 벌써 가을이 완연한 듯하다. 해바라기를 비웃는 듯 국화가 한창이다. 양지 쪽으로 날아드는 나비 그림자가 외롭고 풀숲에서 나는 벌레 소리가 때를 가리지 않고 물 쏟아지듯 요란하다. 아침이나 낮이나 밤이나 그 어느 때를 가릴까. 사람의 오장육부를 가리가리 찢으려는 심산인 듯하다. 애라에게는 가을같이 두려운 시절이 없고 벌레 소리같이 무서운 것이 없다. 지난 7년 동안 —— 준보를 알기 시작했을 때부터 그 어느 가을인들 애라에게 쓸쓸하지 않은 가을이 있었을까! 밤 자리에 이불을 쓰고 누우면 눈물이 되로 흘러 베개를 적신다.

"사랑이란 무엇인가?"

스스로 물을 때,

"외롭고 적적하고 얄궂은 것."

7년 동안에 얻은 결론이 이것이었다. 여러 해 동안 적어 온 사랑의 일기가 홀로 애태우고 슬퍼한 피투성이의 기록이었다. 준보는 언제나 하늘 위에 있는 별이다.

만질 수 없고 딸 수 없고 영원히 자기의 것이 아닌 하늘 위 별이다.

한 마리의 여우가 딸 수 없는 높은 시렁 위 포도송이를 바라보고 딸 수 없으므로 그 아름다운 포도를 떫은 것이라고 비난하고 욕질한 옛날 이야기를 생각하며, 애라는 몇 번이나 그 여우를 흉내내어 준보를 미워해 보려고 했는지 모르나 헛일이어서, 준보는 날이 갈수록에 더욱 그립고 성스럽고 범하기 어려운 것으로만 보였다. 이 세상은 왜 되었으며, 자기는 왜 태어났으며, 자기와 인연 없는 준보는 왜 나타났을까 ——.

준보의 마음과 자기의 마음은 왜 그다지도 어긋나며, 준보가 그다지 대수롭게 여기지 않는데도 왜 자기의 마음은 한결같이 그에게로 기울을까? —— 자나깨나 애라에게는 이것이 큰 수수께끼였다. 준보가 옥경이와 결혼한다는 발표가 났을 때가 애라에게는 가장 무서운 때였다. 동무 옥경이의 애꿎은 야유였을까? 결혼의 청첩은 왜 보내왔을까? 애라에게는 여러 날 동안의 무서운 밤이 닥쳐왔다. 자기의 패배가 무엇에 원인이 되었나를 생각하고 자기의 육체를 저주하고 얼굴을 비춰 주는 거울을 깨뜨려 버렸다. 7년 동안의 불행을 실어 온다는 거울을 깨뜨려 버리고는 어두운 방 안에서 죽음을 생각했다. 몸이 덥고 가슴이 답답하고 불 냄새가 흘러오면서 세상이 금시에 바서지는 듯했다. 그 괴로운 죽음의 환영에서 나는 일주일이 넘어 걸렸다. 준보를 얼마나 미워하고 옥경이를 얼마나 저주했을까.

그런 고패를 겪었건만 그래도 여전히 준보에게 대한 미련과 애착이 끊어지지 않음은 웬일일까?

준보는 자기를 위해 태어난 꼭 한 사람일까? 전세에서부터 미래까지 자기가 찾는 사람은 단 한 사람 준보라는 지목을 받아 온 것일까? 너무도 고전적인 자기의 사랑에 애라는 싫증이 나면서도 한편 여전히 그 사랑에 매어 가는 스스로의 감정을 어쩔 수는 없었다. 준보 외에 그의 영혼을 한꺼번에 끌어당길 사람은 다시 그의 앞에 나타날 성싶지는 않았고, 그런 추잡한 생각을 하는 것부터가 싫었다. 준보는 무슨 일이 있었던 간에 그에게는 영원의 꿈이요 먼 나라이다. 준보의 아름다운 환영을 가슴 속에 간직해 가지고 평생을 지내겠다고 마음먹었을 때 애라에게는 절망의 속에서도 한 줄기 희망이 솟아올랐다.

"이르는 말은 안 듣구 언제까지든지 어쩌자는 심사냐? 늙어빠질 때까지 사람이 홀몸으로 지낼 수 있을 줄 아나 부다."

어머니는 오래 전부터 내려오는 혼인 말을 되풀이하고는 딸의 마음을 야속히 여기고 때때로 보챈다. 그러나 애라는 자기 방에 묻힌 채 책을 읽거나 무료해지면 염소를 끌고 풀밭으로 나간다. 고요한 마음의 생활을 보내며 준보들의 동정을 들으면서 가을을 보내고 맞이해 왔다.

며칠 전 준보에게서 편지를 받고 애라는 가라앉았던 가슴이 다시 설레기 시작하고 마음의 상처가 다시 살아났다. 준보 부부가 별안간 음악 수업차로 미주로 떠나게 되었다는 것이요, 그들 송별의 잔치를 동무들이 발기한 것이었다. 인쇄된 청첩에 준보는 기어이 출석해 달라는 뜻을 따로 적어서 보냈던 것이다. 초문의 소식에 애라는 놀라며 곧 옷을 차리고 나섰다가 다시 반성하고 머뭇거려도 보았으나 결국 출석하기로 했다.

오후의 호텔은 고요하면서도 그 어디인지 인기척을 감추고 수떨스런 기색을 보이고 있었다. 손님들의 자태는 그리 보이지 않건만 잔치를 준비하는 중인지 뽀이들의 오락가락하는 모양이 눈에 삼삼거린다. 복도를 들어가 바른편 객실을 기웃거렸을 때 모임에 출석하는 사람인 듯한 4, 5인이 웅얼거리고들 앉았다. 낯선 속에 어울리기도 겸연쩍어서 애라는 복도를 꾸부러져 왼편 객실로 들어갔다. 카운터에서 한 사람의 뽀이가 계산에 열중하고 있을 뿐 객실은 고요하다. 애라는 차 한 잔을 분부하고는 창 가까이 자리를 잡았다.

창 밖은 조그만 뜰이 되어서 몇 포기의 깨끗한 백양나무가 여름 한철 깊은 그늘 속에서 이슬을 뿜고 있던 것이, 이역 어느덧 가을을 맞이해서 병들어 가는 잎들이, 바람도 없건만 애잔하게 흔들리고 있다. 가을은 어느 구석에든지 숨어드는구나, 여기도 밤에는 벌레 소리가 얼마나 요란할까 —— 생각하면서 찻잔을 들려고 할 때 공교롭게도 문득 눈앞에 나타난 것이 준보였다. 그 날 모임의 주빈답게 검은 예복으로 단장한 그의 자태가 그 어느 때보다도 싱싱하게 눈을 끌었다. 그렇게 가깝게 면대하기는 오래간만이었다. 언제든지 그의 앞이 어렵고 시스럽고 부끄러운 애라였다. 가슴이 두근거리며 고개를 숙여 버렸다.

"진작 만나뵙고 여러 가지 얘기 드리려던 것이 급작스레 떠나게 돼서 이제야 기회를 얻었습니다. 옥경이의 희망도 있구 해서 별안간 미주행을 계획한 것인데 한 1년 지내구 내년 가을에는 구라파(유럽)로 건너갈 작정입니다만."

준보의 장황한 설명에 애라는 한참이나 동안을 두었다가 입을 열었다.

"그러실 줄 알았죠. —— 별일 없으면서두 떠나신다니 섭섭해요. 어디를 가시든지 편안하셔야죠. 두 분의 행복을 비는 것이 이제는 제 행복이 됐어요……. 행복이구 불행이구 간에 어쩌는 수 없이 그것만이 밟아야 할 길이 된 것을요."

다음 말까지에는 또 한참이나 동안이 뜬다.

"남의 집 창 밖에 서서 안을 기웃거리는 가난한 마음을 짐작하실 수 있으세요? 안에는 따뜻한 불이 피고 평화와 단란이 있죠. 밖에 서 있는 마음은 춥고 떨리고."

준보가 그 대답을 하는데 다시 한참이 걸린다.

"……경우가 어떻게 됐든 간에 그 동안의 애라 씨의 심정을 나는 감사의 생각 없이는 받을 수 없었습니다. 7년 동안의 변함없는 정성에 값 갈 만한 사내가 아닌 것을요."

"감사란 말같이 싫은 말은 없어요. 제가 요구할 권리가 없듯이 감사하실 것은 없으세요."

"감사는 하면서두 요구에 대답하지 못하는 것을 슬퍼합니다. 일이 애꿎게 그렇게 되는군요. 솔직하게 말하면 처음엔 무심했던 것이 차차 그 곧은 열정을 알게 됐을 때 난 무서워도졌습니다."

"그래요. 전 남을 무섭게만 구는 허수아빈지두 몰라요."

"……운명이라는 것 생각해 보신 적 있습니까? 슬픈 것, 기쁜 것, 어쩌는 수 없는 운명이라는 것……."

"운명을 생각할 때 진저리가 나구 울음이 나요."

"……거역하구 겨뤄 봐두 할 수 없는 것. 고지식이 항복할 수밖에 없는 것."

"결국 그렇게 돌리구 그렇게 생각할 수밖에 없겠죠. 슬픈 일이긴 하나……."

시간이 가까워 와 그 객실에까지 사람의 그림자가 어른거리게 되었을 때 두 사람은 회화를 그쳤으나, 이윽고 다른 방에서 연회가 시작되었을 때에도 애라에게는 은근히 준보의 모양만이 바라보였다. 그의 옆에 앉은 옥경이의 자태까지도 범하기 어려운 하늘 위 존재로 보임은 웬일이었을까? 연회가 끝난 후 여흥으로 부부의 피아노 듀엣의 연주가 있었다. 건반 앞에 나란히 앉아 가벼운 곡조를 울리는 두 사람의 자태는 그대로가 바로 곡조에 맞춰 승천하는 한 쌍의 천사의 자태이지 속세의 인간의 모양들은 아니었다. 그렇듯 아름다운 두 사람의 모양은 애라와는 너무도 먼 지경에 놓여 있었다. 그 거리가 9만 리일까? —— 애라는 그 날 밤같이 준보들과의 사이에 큰 거리를 느껴 본 적은 없었다.

"이것이 준보가 말한 운명이란 것인가?"

애라는 새삼스럽게 설운 생각이 들며 그 날 밤 출석을 뉘우치고 될 수 있으면 그 자리를 물러나고도 싶었으나, 그런 무례를 범할 수도 없어 그 괴로운 운명의 시간을 그대로 참을 수밖에는 없었다. 가슴 속은 보이지 않는 눈물로 젖었다.

괴로운 시간에 놓여서 사람들과 함께 식당을 나오게 되었을 때 다시 다음 괴로움이 준비되어 있었다. 옥경이가 긴한 듯이 달려와서 옆에 서는 것이었다.

"이렇게 와 주어서 고맙긴 하나 한편 미안두 해요."

그러나 옥경이의 태도는 자랑에 넘치는 태도였지 미안하다는 태도는 아니었다.

"애라두 소풍 겸 저리로나 떠나 보면 어때, 좁은 데서 밤낮 속만 태우지 말구."

조롱인지 충고인지, 그러나 애라는 그것을 충고로 듣는 것이 옳은 듯했다.

"목적두 없이 가선 뭣 하누."

"그렇게 또렷한 목적 가진 사람이 어디 있겠수. 목적을 가졌다구 다 이루어지는 것두 아니구. 그저 맘 속에 늘 무엇을 생각하구만 있으면 그것이 목적이 아니우?"

"무얼 생각하누."

"가령 고향을 생각해두 좋지. 외국에 가서 고향을 생각하는 속에 목적은 아니지만 그 무엇이 있을 법하잖우?"

"어서 무사히 다녀들이나 와요."

"구라파로나 떠나 봐요. 내년 가을쯤 파리에서나 같이 만나게."

애라에게는 옥경이와의 대화가 도시 괴로운 것이었다. 준보들과 작별하고 그 괴로운 분위기를 떠나 한 걸음 먼저 거리로 나왔을 때 지옥을 벗어나온 듯도 했으나, 한편 거리의 등불이 왜 그리 쓸쓸하게 보이고 오고가는 사람들의 모양이 왜 그리 무의미하게 보였을까. 찻집에 들렀을 때 레코드에서는 베토벤의 운명 교향악이 흘렀다. 열리지 않는 운명의 철문을 두드리는 답답하고 육중한 음향이 거의 육체를 협박해 오는 지경이었다. 운명 교향악은 음악이 아니요 운명 그것이다. 운명 교향악을 작곡한 베토벤은 음악가가 아니요, 미치광이나 그렇지 않으면 조물주다. 애라는 운명 교향악을 들을 때마다 몸에 소름이 치고 금시 미칠듯이 몸이 떨리구 한다.

"찻집에서까지 운명 교향악을 걸 필요가 무엔가? 즐겁게 차 먹으러 오는 곳에 미치광이 음악이 아랑곳인가?"

애라는 중얼거리며 분부했던 차도 마시는 둥 마는 둥 뛰어나와 버렸다. 등줄기를 밀치는 듯 등 뒤에서 교향악의 연속이 애꿎게 울려 오는 것을 들으며 거리를 걷는 애라의 마음 속에는 무거운 구름이 겹겹으로 드리웠다.

이튿날 역에서 준보 부부를 떠나보내고 집으로 돌아온 애라는 한꺼번에 세상이 헐어진 것 같은 생각이 나며 눈알이 둘러파일 지경으로 어두웠다. 두 번째 죽음을 생각하고 약국에서 사온 약병을 밤새도록 노리면서 한 생각을 되하고 곱돌아하는 동안에 나중에는 죽음 역시 쓸데없는 것으로 생각되었다.

'어차피 짓궂은 운명이라면 그 운명과 겨뤄 보는 것이 어떨까? 진 줄은 뻔히 알지마는 그 패배의 결론과 다시 대항하는 수도 있지 않을까? 즉, 두 번째 싸움이다. 이번이야말로 사생결단의 무서운 싸움이다.'

이렇게 깨닫자 애라에게는 절망 속에서도 다시 한 줄기의 햇빛이 돌아 오며 문득 옥경이의 권고가 생각났다.

"……구라파로나 떠나 봐요. 내년 가을쯤 파리에서나 같이 만나게……. 또렷한 목적 가진 사람이 어디 있겠수. 그저 마음 속에 늘 무엇을 생각하구만 있으면 그것이 목적이 아니우……."

옥경이가 무슨 뜻으로 했든지 간에 이제 애라에게는 이것이 한 줄기의 암시였다. 애라는 머릿속에 다따가 보지 못한 외국을 환상하며 책시렁에서 한 권의 책을 뽑아 기행문의 구절구절을 마음 속에 외어 보는 것이었다.

"―― 시월을 잡아들면 파리는 벌써 아주 겨울 기분이 돈다. 나뭇잎 새는 죄다 떨어지고 안개 끼는 날이 점점 늘어가서 그 안개 속을 사람의 그림자가 어렴풋하게 거무스름하게 움직이게 된다 ――."

그 사람의 그림자를 마치 자기의 그림자인 듯 환상하고 그 파리의 한 구석에서 준보를 만나게 될 것을 생각하면서 기행문의 구절구절을 아끼면서 두 번 읽고 다시 되풀이하였다.

그 날부터 애라에게는 또렷한 구체적 성산도 없으면서 다시 먼 곳을 꿈꾸는 버릇이 시작되었다. 외국의 풍경을 상상하고 준보의 뒷일을 궁금히 여기면서, 그러나 기실 하루하루가 더욱 쓸쓸하고 적막해 갈 뿐이었다.

외로운 꿈에서 깨어서는 개같이 방 속에서 나와 뜰에 매인 흰 염소를 데리고 집 앞 풀밭을 거닌다. 턱 아래다 불룩하게 수염을 붙인 흰 염소는 그 용모만으로도 벌써 이 세상에 쓸쓸하게 태어난 나그네다. 초점 없는 흐릿한 시선을 풀밭에 던지면서 그 어느 낯선 나라에서 이 세상에 잘못 온 듯이도 쓸쓸하게 운다. 울면서 풀을 먹고 풀에 지치면 종이를 좋아한다.

그 애잔한 자태에 애라는 자기 자신의 모양을 비해 보고 운명을 생각하면서 종이를 먹인다. 한 권의 잡지면 여러 날을 먹는다. 백지를 먹을 뿐 아니라 인쇄된 글자까지를 먹는다.

소설을 먹고 시를 먹는다. 잡지 대신에 애라는 하루는 묵은 일기장을 뜯어서 먹이기 시작하였다. 7년 동안의 사랑의 지금 일기 —— 에는 벌써 쓸모없는 운명의 일기 —— 그 두꺼운 일곱 권의 일기장을 모조리 찢어서 염소의 뱃속에 장사지내기 시작했던 것이다. 흰 염소는 애잔한 목소리로 새침하게 울면서 주인의 운명을 —— 슬픈 역사를 싫어하지 않고 꾸역꾸역 먹는다.

염소 배가 불러지면 주인은 염소를 몰고 풀밭을 떠나 강가로 나간다. 물을 먹이면서 주인은 흰 돌 위에 서서 물소리 속에 흘러간 지난날을 차례차례로 비추어 본다.

해가 꼬빡 져서 집으로 돌아오면 다시 게같이 꿈의 보금자리인 방으

로 기어든다. 방에서는 가을 화단이 하늘같이 맑게 ―― 그러나 쓸쓸하게 내다보인다.

해바라기 송이가 칙칙하고 국화가 한창이다. 양지 쪽으로 날아드는 나비 그림자가 외롭고 풀숲에서 나는 벌레 소리가 때를 가리지 않고 물 쏟아지듯 요란하다. 아침이나 낮이나 밤이나 그 어느 때를 가릴까? 사람의 오장육부를 가리가리 찢으려는 심사인 듯도 하다.

애라에게는 가을같이 두려운 시절이 없고 벌레 소리같이 무서운 것이 없다. 밤 자리에 이불을 쓰고 누우면 눈물이 되로 흘러 베개를 적시고야 만다.

오리온*과 능금

1

나오미가 입회한 지는 두 주일밖에 안 되었고, 따라서 그가 연구회에 출석하기는 단 두 번임에도 불구하고 어느덧 그의 태도가 전연 예측하지 아니하였던 방향으로 흐름을 알았을 때에 나는 놀라지 않을 수 없었다. 사람의 감정의 움직임이란 예측하기 어려운 것이지만 짧은 시간에 그가 나에 대하여 그런 정서를 품게 되었다는 것은 도무지 뜻밖의 일이었음을 나는 놀라는 한편, 현혹한 느낌을 마지않았던 것이다.

하기는 나오미가 S의 소개로 입회하게 된 첫날부터 벌써 나는 그에게서 '동지'라는 느낌보다도 '여자'라는 느낌을 더 많이 받았다. 그것은 나오미가 현재 어떤 백화점의 여점원이요, 따라서 몸치장이 다소 사치한 까닭이라는 것보다도 대체로 그의 육체와 용모의 인상이 너무도

*오리온 오리온 자리. 하늘의 적도 양측에 걸쳐 있는 별자리로, 겨울에 가장 똑똑히 보임.

오리온자리의 아르테미스 여신과 오리온

연하고 사치한 까닭이었다. 몸이 몹시 가늘고 입이 가볍고 눈의 표정이 너무도 풍부하였다. 그의 먼 촌 아저씨가 과거에 있어서 한 사람의 굳건한 ××으로서 현재 영어의 몸이 되어 있다는 소식도 S를 통하여 가끔 들은 나였지마는, 그러한 나의 지식과 나오미의 인상과의 사이에는 한 점의 부합의 연상도 없고 물에 뜬 기름 모양으로 서로 동떨어진 것이었다.

그것은 마치 같은 가지에 붉은 꽃과 푸른 꽃의, 이 전연 색다른 두 송이의 꽃이 천연스럽게 맺히는 것과도 같은 격이었다. 그러나 연약한 인상이라고 그의 미래를 약속하지 못하는 법은 없을 것이다.

그러므로 진실한 회원이요, 믿음직한 동지인 S가 그를 소개하였을 때에 우리는 그의 입회를 승낙하기에 조금도 인색하지 않았던 것이다.

그러나 차차 그를 만나게 될수록 동지라는 느낌은 사라지고 여자라는 느낌이 그에게서 받는 느낌의 거의 전부였다.

한편, 나에게 대한 그의 태도와 행동은 심히 암시적이었다. 내가 그것을 깨닫게 된 것은 물론 다음과 같은 일이 있은 후로부터였지만.

나오미가 입회한 후 두 번째 연구회에 출석하던 날이었다. 오륙 인 되는 회원들이 S의 여공임을 비롯하여 학생, 점원 등 층층을 망라한 관계상 자연 모이는 시간이 엄수되지 못하였고, 또 독일어의 번역과 대조하여 읽고 토의하여 가던 '××××'에 어려운 대문이 많았던 까닭에 분량이 많이 나가지 못하는데다가, 회를 마치고 나면 모두 피곤하여지는 까닭에, 될 수 있는 대로 초저녁에 모여서 밤이 깊기 전에 파하는 것이 일쑤였다. 그날 밤도 일찍이 파하고 S의 집을 나오니 집에의 방향이 같은 관계상 나는 또 나오미와 동행이 되었다.

"어떻소, 우리들의 기분을 대강은 이해할 만하게 되었소?"

회원들 가운데 피를 달리한 사람은 나오미 한 사람뿐이므로 낯익지 않은 그룹 속에 들어와서 거북한 부조화와 고독을 느끼지 않는가를 염려하여 오던 나는 어두운 골목을 걸어나오면서 그의 생각도 들어 보고 또 그를 위로도 할 겸 이런 말을 던졌다.

"이해하고말고요. 그리고 저는 이 분위기를 대단히 좋아해요. 저를 맞아 주는 동무들의 심정도 좋고 선생님께 대하여서는 더구나 친밀한 느낌을 더 많이 품게 되었어요."

"그렇다면 다행이외다. 혈족에 대한 그릇된 편견으로 인하여 잘못을 범하는 예가 아직도 간간이 있으니까요."

"깨달음이 부족한 까닭이겠지요. 어떻든 저는 우리 회합에서 한 점의 거북한 부자유도 느끼지 않아요. 마음이 이렇게 즐겁고 좋아요."

진실로 즐거운 듯이 나오미는 몸을 가늘게 요동하며 목소리를 내서 웃었다.

미묘하게 움직이는 그의 시선을 옆얼굴에 인식하면서 골목을 벗어나오니 네거리에 나섰다.

늘 하는 버릇으로 모퉁이 서점에 들러 신간을 한 바퀴 살펴본 후 다시 서점을 나올 그때까지 나오미의 미소는 꺼지지 않았다.

서점 옆 과일점 앞을 지날 때의 나오미는 그 미소를 정면으로 나에게 던지면서 복잡한 표정으로 나를 쳐다보며 제의하였다.

"능금이 먹고 싶어요!"

"능금이?"

의외의 제의인 까닭에 나는 반문하면서 그를 바라보았다.

"신선한 능금 한입 먹었으면!"

나오미는 마치 내 자신이 한 개의 능금인 것같이 과일점의 능금 대신에 나를 똑바로 쳐다보며 바싹 나에게로 붙었다. 나는 은전 몇 닢을 던져 주고 받은 능금 봉지를 나오미에게 쥐어 주었다.

걸으면서 나오미는 밝은 거리를 꺼리는 법 없이 새빨간 능금을 껍질째 버적버적 먹었다.

"대담하군요."

"어때요, 한길에서 —— 능금 —— 프롤레타리아*답지 않아요?"

나오미의 하이얀 이빨이 웃음을 띠며 능금 속에 빛났다.

"금욕은 프롤레타리아의 도덕이 아니에요. 솔직한 감정을 정직하게 표현하는 것이 프롤레타리아가 아닐까요?"

그러나 밝은 밤거리에서 아름다운 여자가 능금을 버적버적 먹는 풍경은 프롤레타리아답다느니보다는 차라리 한 폭의 아름다운 '모던' 풍경이었다. 그만큼 아름다운 나오미의 자태에는 프롤레타리아다운 점은 한 점도 없으며, 미래에도 그가 얼마나한 프롤레타리아 투사가 될까도 자못 의문이었다. 너무도 아름답고 사치하고 '모던' 한 나오미였다.

"능금 좋아하세요?"

"싫어하는 사람이 어디 있겠소."

"모두 아담의 아들이요, 이브의 딸들이니까요……. 자, 그럼 한 개 잡수세요."

나오미는 여전히 미소하면서 능금 한 개를 나의 손에 쥐어 주었다.

"그렇지요, 조상 때부터 좋아하던 능금과 우리는 인연을 끊을 수는 없어요. 능금은 누구나 좋아하던 것이고 또 영원히 좋은 것이겠지요. 공간과 시간을 초월하여 높게 빛나는 능금이지요. 마치 저 하늘의 '오리온' 과도 같이 길이길이 빛나는 거예요."

"능금의 철학이라고 해도 좋지요……그러니까 프롤레타리아 투사에게라고 결코 능금이 금단의 과일이 아니겠지요. 밥을 먹지 않으면 안 되는 투사가 능금을 먹지 말라는 법이 어디 있어요."

나오미의 암시가 나에게는 노골적 고백으로 들렸다. 그러므로 나는 예민하게 나의 방패를 내들지 않을 수 없었다.

---

*　**프롤레타리아**　자본주의 사회에서 생산 수단을 갖지 않고 자기 노동력을 자본가에 팔아 생활하는 노동자. 임금 노동자.

"그것이 진리임은 사실이나 문제는 가치와 효과에 있을 것이오. 우리에게는 일정한 체계와 절제가 있어야겠지요. 아무리 아름다운 능금이기로 난식을 하여서 도리어 ××××사업에 해를 끼치게 된다면 그것은 값없는 것이 아니겠소?"

2

이런 일이 있은 후로부터는 나는 웬일인지 항상 나오미와 능금을 연상하게 되어서 그를 생각할 때에나 만날 때에는 반드시 먼저 능금의 연상이 머릿속을 스치게 되었다. 그렇게 하여 때로는 그가 마치 능금의 화신같이 생각되는 때도 있었다. 물론 다음과 같은 일이 있은 후로부터는 그런 인상은 더욱 두터워 갔다.

두 주일 가량 후이었을까, 오랫동안 생각 중에 있던 어떤 행동에 있어서의 다른 어떤 회와의 합류 문제가 돌연한 결정을 지었던 까닭에 그 뜻을 회원들에게 급히 알려야 할 필요상 나는 그 보고를 가지고 회원의 집을 일일이 방문하지 않으면 안 되었다. 그 날 저녁때 마지막으로 찾은 것이 나오미였다.

직접 그의 숙소가 아니요 그의 일터인 백화점으로 찾은 까닭에 그 자리에서 장황한 소식도 말할 수 없는 터이므로 진열되어 있는 화장품 사이로 간단한 보고만을 몇 마디 입재게 전하여 줄 따름이었다.

그러나 낯선 손님도 아니요, 그렇다고 동지도 아니요, 마치 정다운 애인을 대하는 듯이 귀여운 미소를 띠며 귀를 바싹 대고 나의 보고를 고요히 듣고 섰던 나오미는, 나의 말이 끝나자 눈짓을 하고 그 자리를 떠나면서 나에게 뒤를 따르기를 청하였다. 영문을 모르는 나는 의아하면서도 시치미를 떼고 뒤를 따라 그와 같이 올라가는 승강기를 탔다.

위층에서 승강기를 버린 나오미는 층층대로 올라가 옥상 정원에까지

나섰을 때에 다시 은근한 한편 구석 철난간으로 나를 인도하였다.

"무슨 일요?"

심상하지 않은 일이 있은 것같이 예측되었기에 그 곳까지 이르자, 나는 조급하게 물었다.

"선생님께 드릴 것이 있어서요."

철난간에 피곤한 몸을 의지하여 흐트러진 머리카락을 쓸어올리는 나오미는 조금도 조급한 기색도 없이 천천히 대답하면서 나를 듬짓이 바라보았다.

"무엇이란 말요?"

"무엇인 듯해요?"

"글쎄……."

그러나 나오미는 거기서 곧 대답은 하지 않고 피곤한 듯한 손짓으로 이지러진 옷자락 모양을 고치면서 탄식하였다.

"하루에 열 시간 이상의 노동을 하려니까 피곤해서 못 배기겠어요."

"그러니까 부르짖게 되지요."

"열 시간 이상 노동 절대 반대……. 그러나 지내 보니까 이 속에는 한 사람도 똑똑한 아이가 없어요. 결국은 이런 곳의 조직의 필요성은 아직 제 시기에 이르지 못한 것 같애요."

"그것은 그렇다고 해 두고 나에게 줄 것이 무엇이란 말요?"

"참, 드릴 것을 드려야지요."

하면서 나오미는 새까만 원피스 주머니 속에 손을 넣었다.

"일전에 제가 선생님께 능금을 받았지요. 그러니까 저도 능금을 드려야지요."

바른손에는 한 개의 새빨간 능금이 들려 있었다.

"능금?"

"왜 실망하세요? 능금같이 귀한 것이 세상에 또 있을까요?"

동의를 구하려는 듯이 나오미는 나를 반듯이 바라보았다.

"저 곳을 내려다보세요. 번잡한 거리에서 헤매이고 꾸물거리는 저 많은 사람들의 찾는 것이 결국 무엇일까요? 한 그릇의 밥과 한 개의 능금이 아닌가요? 번잡한 이 거리의 부감도(조감도)는 아름다운 능금의 탐색도인 것 같애요."

말하면서 거리로 향한 몸을 엇비슷이 틀면서 손에 든 능금을 높이 쳐들었다. 두어 올 흐트러진 머리카락과 옆얼굴의 윤곽과 부드러운 다리와 손에 든 능금에 찬란한 석양이 반사되어 완연 그의 전신에서 황금빛 햇발이 발사되는 듯도 하여 그의 자태는 마치 능금을 든 이브와도 같이 성스럽고 신비로운 그림으로 보였다.

"능금을 받으세요."

원피스를 떨쳐 입은 '모던' 이브는 단 한 개의 능금을 나의 앞에 내밀었다. 그의 자태와 행동에 너무도 현혹하여 묵묵히 서 있으려니 그는 어떻게 생각하였는지 한 개의 능금을 두 손 사이에 넣고 힘을 썼다.

"코카서스 지방에서는 결혼할 때에 한 개의 능금을 두 쪽을 내어서 신랑 신부가 그 자리에서 한 쪽씩 먹는다지요."

하면서 두 쪽으로 낸 능금의 한쪽을 나의 손에 쥐어 주고 나머지 한쪽을 그의 입으로 가져갔다.

철난간에 의지하여 곁눈으로 저물어 가는 거리의 부감도를 내려다보며 한쪽의 능금을 먹는 나오미의 자태는 아까의 성스러운 그림과는 정반대로 속되고 평범한 지상적 풍경으로밖에는 보이지 않았다.

3

"그래, 나오미는 어떻게 생각하오?"

"코론타이 자신 말예요?"

"보다도 왓시릿사에 대해서 말요."

"가지가지의 붉은 사랑을 맺어 가는 왓시릿사의 가슴 속에는 물론 든 든한 이지의 조종도 있었겠지만, 보다도 뛰는 피의 감정에 순종함이 더 많았겠지요. 이런 점에 있어서 저도 왓시릿사를 좋아하고 찬미할 수 있어요."

"사업 제1, 연애 제2, 어디까지든지 이 신조를 굽히지 말고 나간 것이 용감하지 않소?"

"그러나 사업 제1이라는 것은 결국 왓시릿사에게는 한 개의 방패와 이유에 지나지 못하는 것이 아닐까요? 한 사람의 사나이로부터 다른 사나이에게 옮아갈 때 거기에는 사업이라는 아름다운 표면의 간판보다도 먼저 일시적인 좋고 싫다는 감정의 시킴이 있는 것이 아닐까요? 결국 근본에 있어서는 감정 제1 ××××이것예요. 사랑은, 그것이 장난이 아니고 사랑인 이상 도저히 사업을 통하여서만은 들 수 없는 것이요, 무엇보다도 먼저 피차의 시각을 통해서 드는 것이니까요."

"그렇다고 왓시릿사의 행동을 갖다가 곧 감정 제1, 사업 제2로 판단하는 것은 좀 심하지 않소?"

"그것이 솔직한 판단이지요. 그렇게 판단하지 않고는 왓시릿사의 행동을 이해하기는 어려울 거예요. 그리고 왓시릿사 자신의 본심으로도 실상은 그런 판단을 받는 것이 본의가 아닐까요? 결국 왓시릿사는 능금을 대단히 좋아하였고 그 좋아하는 감정을 솔직하게 표현하였다고 할 수 있지요. 다만 그는 약고 영리한 까닭에 그것을 표현함에 사업이라는 방패를 써서 교묘하게 그 자신을 캄플라지하고* 그의 체면을 보존하려고 하였을 뿐이지요."

---

* 캄플라지하다 참모습이나 참마음을 알아차리지 못하게 남의 눈을 속이다. 카무플라주하다.

감격된 구변으로 인하여 상기된 나오미의 얼굴은 책상 위의 촛불을 받아 한층 타는 듯이 보였다. 진한 눈썹 밑에 열정을 그득히 담은 눈동자는 마치 동물과 같이 교교한 광채를 던지고, 불빛에 물든 머리카락은 그 주위에 열정의 윤곽을 뚜렷이 발산하고 있지 않은가!

"결국 능금이구려."

"그러믄요. 능금이 아니고는 모든 것을 설명할 수 없지요."

"아, 능금……."

나는 내 자신의 의견과 판단도 있었지만, 그것을 장황하게 말하기를 피하고 그 이야기에는 그만 끝을 맺어 버리려고 이렇게 짧은 탄식을 하면서 거짓 하품을 하려 할 때에, 문득 나의 팔의 시계가 눈에 띄었다.

"시간이 훨씬 넘었는데 웬일일까?"

"글쎄요, 아마 공장에 무슨 변이 있나 보군요."

"다른 회원들은 웬일일꼬?"

연구회가 시작될 시간이 넘었고 또 그 곳이 S의 방임에도 불구하고 회원인 나오미와 나 두 사람이 먼저 와서 기다리고 있는 지도 이미 오래고 코론타이의 화제가 끝났을 그 때까지도 S 자신은 새려(커녕) 다른 회원들의 자태가 아직 한 사람도 안 보임이 이상하여서 나는 궁금한 한편 초조한 마음을 금할 수 없었다.

"공장의 기세가 농후하여졌다더니 기어이 폭발되었나 보군요."

"글쎄, S는 그래서 늦는 것 같은데……."

나는 초조한 한편 또 무료도 하여서 중얼거리며 S가 펴놓고 간 책상 위의 〈로오사〉 전기에 무심코 시선을 던지고 무의미하게 훑어내려갔다.

"능금이라니 말이지 로오사도……."

같이 쏠려 역시 〈로오사〉의 전기 위에 시선을 던진 나오미는 이렇게 화제를 돌리며 말을 이었다.

"그가 본국에 돌아올 때에 사업을 위한 정책상 하는 수 없이 기묘한 연극을 하여 뜻에 없는 능금을 딴 일이 있었지만, 그것도 실상은 속의 속을 캐어 보면 전연 뜻에 없는 능금은 아니었겠지요. 적어도 저는 그렇게 생각하고 싶어요."

나오미의 말에 끌려 새삼스럽게 나는 그와 같이 시선을 책상 위편 벽에 걸린 로오사의 초상으로, —— 전기를 끊기우고 할 수 없이 희미한 촛불 속에 뚜렷이 어린 가난한 방 안과 그 속에서 로오사를 말하고 있는 젊은 여자를 뜸직이* 내려다보고 있는 로오사의 초상으로 무심코 던지지 않을 수 없었다.

그러자 웬일인지 돌연히! 의외에도 로오사의 초상이 우리들의 시선을 거부하는 듯이 걸렸던 그 자리를 떠나서 별안간 책상 위에 떨어졌던 것이다.

순간, 책상 모서리에 부딪친 초상화판의 유리가 바싹 부서지고 같은 순간에 화판 밑에 깔린 촛불이 쓰러지면서 방 안은 어둠 속에 잠겨 버렸다.

"에그머니!"

돌연히 놀란 나오미는 반사적으로 나에게 붙었다.

'그에게 대하여 공연히 불손한 언사를 희롱한 것을 노여워함이 아닌가.'

돌연한 변에 뜨끔하여서 이렇게 직각적으로 느끼며 어찌할 바를 몰라 잠시 잠자코 있던 나는, 그러나 더 놀라운 것을 당하였다. 별안간 목덜미와 얼굴 위에 의외의 따뜻하고 부드러운 촉감을 받았던 것이다. 피와 향기가 나의 전신을 후끈하게 둘러쌌다.

다음 순간 목덜미의 부드럽던 촉감은 든든한 압박으로 변하고 얼굴

---

*뜸직이 말이나 행동이 경솔하지 않고 무게가 있게. 뜸직하게.

에다 전면 뜨거운 피를 끼얹는 듯한 화끈한 김과 향기가 숨차게 흘러오고……. 입술에는 타는 입술이 와서 맞닿았다.

그리고 물론 동시에 다음과 같은 떨리는 나오미의 애원하는 목소리가 후둑이는 그의 염통의 고동과 함께 구절구절 찢기면서 나의 귀를 스쳤던 것이다.

"안아 주세요! 저를 힘껏 힘껏 안아 주세요."

공상 구락부[*]

"자네들, 무얼 바라구들 사나."

"살아가자면 한 번쯤은 수도 생기겠지."

"나이 삼십이 되는 오늘까지 속아 오면서 그래두 진저리가 안 나서 그 무엇을 바란단 말인가."

"그 무엇을 바라지 않고야 어떻게 살아간단 말인가. 말하자면 꿈이네. 꿈꿀 힘 없는 사람은 살아갈 힘이 없거든."

"꿈이라는 것이 중세기 적에 소속되는 것이지 오늘에 대체 무슨 꿈이 있단 말인가. 다따가 몇백만 원의 유산이 굴러온단 말인가. 옛날의 씨자에게같이 때 아닌 절세의 귀부인이 차례질 텐가. 다 옛날 얘기지 오늘엔 벌써 꿈이 말라 버렸어."

"그럼 자넨 왜 살아가나. 무얼 바라구."

"그렇게 물으면 내게두 실상 대답이 없네만, 역시 내일을 바라구 산

---

[*] **구락부**(俱樂部) 어떤 공통된 목적에 의하여 결합된 사람들의 단체. 클럽(club)의 일본식 음역어.

다고 할 수밖에. 그러나 내 내일은 틀림없는 내일이라네."

"사주쟁이가 그렇게 말하던가. 관상쟁이가 장담하던가."

"솔직하게 말하면——."

"어서 사주쟁이 말이든 무어든 믿겠나. 무얼 믿든 간에 내일을 생각하는 마음이야 일반 아닌가. 결국 그것 없이는 살아갈 수 없는 게니까. 악착한 현실에서 버둥버둥 허덕이지 말구 유유한 마음으로 찬란하게 내일이나 꿈꾸구 지내는 것이 한층 보람 있는 방법이야. 실상이야 아무렇게 되는 간에 꿈조차 꾸지 말라는 법이야 있겠나."

"그렇구말구. 꿈이나 실컷 꾸면서 지내세그려. 공상이나 실컷 하면서 지내세그려나."

"꿈이다. 공상이다."

이렇게 해서 좌중에 공상이란 말이 시작되었고, 거듭 모이는 동안에 법없이 공상 부락부라는 명칭까지 붙게 되었다.

구락부라고 해야 모이는 집이 따로 있는 것도 아니요, 부원이 많은 것도 아니요, 하는 일이 또렷한 것도 아닌 —— 친한 동무 몇 사람이 닥치는 대로 모여서는 차나 마시고 잡담이나 하고 하는 정도의 것이었다. 다시 말하면 직업 없는 실직자들이 모여서 하는 일 없는 날마다의 무한한 시간과 무료한 여가를 공상과 쓸데없는 농담으로 지우게 된 것에 지나지 않는다. 공상 구락부란 사실 허물없는 이름이었고 대개는 하루의 대부분의 시간을 찻집에 들어가서 식어 가는 커피잔을 앞에 놓고 음악 소리를 들어 가면서 언제까지든지 우두커니들 앉아 있는 꼴들은 좌중의 어느 얼굴을 살펴보아도 사실 부질없는 공상의 안개가 흐릿한 눈동자 안에 서리서리 서리지 않을 때가 없었다. 꿈이란 눈앞에 지천으로 놓인 값없는 선물이어서 각각 얼마든지 그것을 집어먹든 시비하는 사람은 없는 것이다. 그 허름한 양식으로 배를 채우려고 한 잔의 차와 음악을 구해서는 차례차례로 거리의 찻집을 순례하는 것이다. 솔솔 피어

오르는 커피의 김을 바라볼 제, 그 김 속에 나타나는 꿈으로 얼굴을 뚜렷이 아름답게 빛내는 것은 유독 총중에서 얼굴이 가장 뛰어나고 문학을 숭상하는 청해 군뿐만 아니었다. 어느 때부터인지 코 아래에 수염을 까무잡잡하게 기르기 시작한 천마 군도 그랬고, 비행사 되기를 원하는 유난히 콧대가 엉크런 백구 군도 그랬고, 총중에서 가장 몸이 유들유들한 운심도 또한 그랬던 것이다.

꿈이라면 남에게 질 것 없다는 듯이 일당백의 의기를 다 각각 가슴 속에 간직하고는 의자에 깊숙이 몸을 잠그고 앉아서 음악에 귀를 기울이고 있는 네 사람의 자태를 그 어느 날 그 어느 찻집에서나 발견하지 못하는 때는 없었다.

"남양의 음악을 들으면 난 조그만 섬에 가서 추장 노릇을 하고 싶은 생각이 번쩍 생긴단 말야."

그 추장 노릇의 준비 행동으로 코 아래 수염을 기르는 것일까. 총중에서 누구보다도 가장 추장의 자격이 있다면 있을 천마는 음악에 잠기면서 꿈의 계획을 피력하는 것이다.

"—— 세상에서 가장 이상적인 부락을 만들겠네. 섬에는 물론 새 문화를 수입해서 각 부문에 전부 근대적 시설을 베풀고, 한편으로는 농업을 힘써서 그 농업면에도 근대화의 치장을 시키고, 농업면과 공업면이 잘 조화해서 조금도 어긋나고 모순되지 않도록, 즉 부락민은 농사에 종사하면서도 도회면에서 살 수 있도록 —— 그리구 물론 누구나가 다 일해야 하구 일과 생활이 예술적으로 합치되도록 그렇게 섬을 다스려 보겠네. 노동이 있을 뿐 아니라 예술이 있고 음악이 있고, 음악에 맞춰서 일이 즐겁고 수월하게 되는 부락 —— 그 부락의 추장 노릇을 하고 싶은 것이 평생 원이야."

"그럴 법하긴 하나 원두 자네답게 왜 하필 추장 노릇이란 말인가. 이왕 꿈이구 공상이라면 좀더 사치하고 시원스런 것이 없나. 공중을 횔

훨 날아 본다든지 하는 비행가 되기가 내겐 천생 원인 듯하네. 꿈이 아니라 가장 가능한 일인 것을 시기를 놓쳐 버리고 나니 별수없이 되구 말았으나."

백구는 천마를 핀잔주듯이 말하면서 은연중에 자기의 공상을 늘어놓는 셈이다.

"추장이니 비행가니 공상들두 왜 그리 어린애다운가. 어른은 어른답게 어른의 공상을 해야 하잖나."

청해의 차례이다. 다른 동무들과 달라 그다지 부자유롭지 않은 처지에서 반드시 취직 걱정도 할 것 없이 안온하게 지내 가는 그가 문학서를 많이 읽고 생활의 기쁨이라는 것을 유달리 느껴 오는 탓일까. 그렇지 않으면 남보다 뛰어난 얼굴값을 하자는 수작일까. 하필 하는 소리가,

"두고 보지, 내 이십 세기의 클레오파트라*를 찾아내지 않고 두는가. 세기의 미인, 만대의 절색 —— 그 한 사람을 위해서는 천릿길을 걸어도 좋고 만릿길을 걸어도 좋은 —— 그의 분부라면 그 당장에서 이내 목숨 하나 바쳐도 좋은 —— 그런 절색, 내 언제나 구해 내구야 말걸. 이 목숨이 진할 때까지라도."

하는 것이다.

"찾아내선 어쩌잔 말인가. 지금 왜 절색이 없어서 걱정인가. 헐리우드만 가 보게. 클레오파트라 아니라 그 이상 몇몇 곱절의 이십 세기의 일색들이 어항 속의 금붕어 새끼들같이 시글시글 끓을 테니. 가르보나 서러는 왜 클레오파트라만 못하단 말인가. 디트리히나 콜베엘

* **클레오파트라**(Cleoparta) 고대 이집트 프톨레마이오스 왕조의 여왕(기원전 69~기원전 30) 카이사르의 원조로 잃었던 왕위를 회복하였다. 악티움 애전에서 옥타비아누스에게 패하자 독사로 가슴을 물게 하여 자살하였다고 한다. 제위 기간은 기원전 51~ 기원전 30년이다.

클레오파트라

두 몇 대 만에 태어나는 인물이겠구, 아이린 단이나 로저스두 천 사람 만 사람 가운데의 한 사람인 인물이네. 요새 유명한 다니엘 다류는 어떤가. 미인이 아니래서 한인가. 미인이 없는 것이 아니라 자네 차례에 안 가서 걱정이라네. 이 철딱서니 없는 동양의 돈환 같으니."

천마의 핀잔에 청해는 가만 있지 않는다.

"다류나 로저스를 누가 미인이래서. 그까짓 헐리웃의 여배우라면 자네같이 사족을 못 쓰는 줄 아나. 이 통속적인 친구 같으니. 참된 미인은 스크린 위에 있는 것이 아니라 다른 숨은 곳에 있는 것이라네."

"황당하게 꿈 속의 미인만을 찾지 말구 가까이 눈앞에서부터 —— 자네 대체 미모사의 민자는 그만하면 벌써 후리게 됐나 어쨌나. 민자쯤을 하나 후리지 못하는 주제에 부질없이 미인 타령은 무어야."

운심의 공격에 청해는 얼굴을 붉히면서 할 말을 모르는 것을 보면 미모사의 민자는 아직 엄두도 못 낸 눈치였다.

"어서 나와 같이 세계 일주 계획이나 하게. 이것이야말로 공상이 아니라 계획이네. 세계를 일주해 봐야 자네의 원인 절색두 찾아낼 수 있지, 찻집 이 한구석에 가만히 앉아서야 이십 세기의 일색을 외친들 다따가 코앞에 굴러떨어지겠나. 내 뜻을 이루게 되면 그까짓 세계 일주쯤이 무엇이겠나. 자네두 그 때엔 한몫 끼어 주리. 자네 비위에 맞는 미인을 얼마든지 구할 수 있도록. 자네뿐이겠나 천마 군의 추장의 꿈도, 백구 군의 비행가의 공상두 그 때엔 다 실현하게 되리. 내 성공하는 날들만을 빌구 기다리구들 있지."

운심의 뜻이니 성공이니 하는 것은 그가 오래 전부터 꿈꾸고 생각해 오던 광산의 일건이었다. 고향이 충청도인 그는 특수광 지대인 고향 일대에 남달리 항상 착안해서 엉뚱하게도 광맥에 대한 욕망을 품고 있어 온 지 오래었다. 물론 당초부터 광산을 공부한 것도 아니요, 전문적 지식을 갖추고 있는 것도 아니요, 다만 만연히 상식적으로 언제부터인지 그런 야심을 가지게 되었던 것이다. 서울에서 공부를 마치고는 그대로 눌러서 날을 지우게 된 그로서 공상 구락부에서 꾸는 그의 꿈은 언제나 광산에 대한 애착이요, 공상이었다.

그러나 세상에 기적이라는 것이 있듯이 공상도 간간이 가다가 공상의 굴레를 벗어나서 실현의 실마리를 찾는 것인 듯하다. 아마도 사람에게 공상이라는 것을 준 조물주의 농간이라면 농간이 아닐까. 운심은 다행일지 불행일지 그 조물주의 농간을 입어 그의 공상의 현실과의 접촉점을 우연히도 찾게 되었던 것이다. 이 때부터 그의 공상은 참으로 공상 아닌 현실을 띠고 나타나게 되었고, 그뿐 아니라 동무인 세 사람에게도 그것이 영향이 되어 그들은 벌써 공상만이 아니라 공상을 넘어서의 찬란한 계획을 차차로 생각하게 되었던 것이다. 신기한 일이었다.

고향을 다녀온 운심의 손에 이상한 것이 들려 있었다. 알고 보면 그 일 때문에 일부러 시골에 있는 동무에게서 편지를 받고 내려갔던 것이나 근처 산에서 희귀한 광석을 주워 가지고 온 것이다. 여전히 공상의 안개가 솔솔 피어오르는 찻집 좌석에서 운심은 주머니 속 봉투에서 집어낸 광석을 내보이면서 설명하는 것이었다.

"돌멩이 속 틈틈에 거무스름한 납덩어리가 보이잖나. 손톱자리가 쑥쑥 들어가는 것이 휘수연이라는 것이네. 모립덴(몰리브덴)이라구 해서 경금속으로 요새 광물계에서 떠들썩하는 것인데, 가볍기 때문에 비행기 제조에 쓰이게 되어 군수품으로 들어가거든. 시세가 버쩍 올라 한 돈의 시가가 육천 원을 넘는다네. 광석째로 판다구 해두 퍼센티지에 따라 팔수록 그만큼의 이익은 솟을 것이네. 고향에서 한 삼십 리 들어간 산 속에서 발견한 것인데, 늘 유의하고 있던 동무가 내게 알려 준 것이네. 한 가지 천운으로 생각되는 것은 실상은 들어본즉 애초에 어떤 사람이 그 산을 발견해 가지고 일을 시작했다가 성적이 좋지 못하다구 단념하구 산을 버렸다는 것인데, 아마도 그 사람은 휘수연의 광산이라는 것을 몰랐던 모양이구, 알았어두 그 때엔 시세도 없었던 모양이네. 버린 것을 줍지 말라는 법이 있겠나. 별반 수고도 하지 않고 남이 발견한 것을 차지한 셈인데 꼭 맞출 듯한 예감이 솟네. 희생을 당하더래두, 집안을 훌두드려 파는 한이 있더래두 이 산만은 꼭 손을 대 보구야 말겠네. 공상 구락부의 명예에 걸어서래두 성공해 보겠네. 맞춰만 보게. 자네들 꿈은 하루 아침에 다 이루게 될 테니."

좌중은 멍하니들 앉아서 찬란한 그의 이야기에 혼들을 뽑히고 있었다. 금시에 천지가 바뀌고 해가 서쪽에서 뜨게 된 듯도 한 현혹한 생각들을 금할 수 없었고, 운심이란 위인을 늘 보던 한 사람의 평범한 동무를 새삼스럽게 신기한 것으로들 바라보는 것이었다. 오돌진 그의 육체 속에 그런 화려한 복이 숨어 있었던가 하고 눈이 부실 지경이었다.

그렇게 되고 보니 운심은 제법 틀이 생기고, 태도조차 의젓해져서 거리를 분주하게 휘돌아치는 꼴조차 그 어디인지 유유한 데가 보였다. 우선 사사로운 몇 군데 광무소를 찾아 감정을 해 보고 마지막으로 식산국 선광 연구소에서 결정적 판단을 얻기가 바쁘게 지도와 인지를 붙여서 그 자리로 출원해 버렸다. 당분간 시굴을 해 볼 필요조차 없이 곧 본격적으로 채굴을 시작하려고 즉일로 고향에를 내려갔다. 땅마지기나 좋이 팔아서 천 원 돈을 만들자마자 부랴부랴 올라와서 속허원을 내서 광업권 설정을 하고 1년분 광구세까지 타산해 놓고 앞으로 일주일이면 당장에 일을 시작하게까지 재빠르게 서둘러 놓았던 것이다.

동무들은 그의 활동력에 놀라면서 그가 다시 고향으로 떠나려는 전날 밤 송별연을 겸해 모였을 때에 그의 초인적 활동을 칭찬하고 성공을 빌면서 새로운 인격의 탄생인 듯이도 그를 찬양하였던 것이다. 지금까지의 공상들이 더한층 현실성과 생색을 띠고 아름답게 빛났던 것은 물론이다. 백구는 그 자리에서 금시 한 사람의 비행가나 된 듯 비행기의 설화를 시작하는 것이다.

"속력이 무척 빠르고 원거리로 날 수 있는 것은 물론 군용기에 지나는 것이 없으나, 민간에서 쓸 수 있는 특수기라면 영국의 드하빌랜드 코메트 장거리 비행기 같은 것이 가장 튼튼한 것인데 사백사십팔 마력, 최고 속도 한 시간에 삼백칠십육 킬로—— 이만하면 세계 일주두 편히 되지. 이런 장거리 비행기가 아니라면 차라리 조그만 걸 가지구 가까운 곳에서 장난하기 좋은데 가령 불란서서 시작한 부우 드쉘이란 것이 있지 않은가. 그것도 속력이 한 시간에 백 킬로는 되거든."

"염려할 것이 있나, 무엇이든지 뜻대로지."

운심이 얼근한 김에 술잔을 들고는 동무를 응원하는 것이다.

"세계 일주를 하거든 맞서세나그려. 자네는 비행기로, 난 배로. 비행기로 일주일 동안에 세계를 일주한 기록이 천구백삼십삼년에 서지 않았나 왜. 그러나 난 그런 급스런 일주는 뜻이 적은 것이라구 생각하네. 불란서 어떤 시인은 팔십 일 동안에 세계를 유람했구, 세계 일주 관광선이란 것두 넉 달 만에 한 바퀴 유람들을 하구 하지만, 그런 것은 재미가 덜할 것 같아. 이상적 세계 일주로는 역시 그 시조인 십육 세기 마젤란의 격식이 옳을 듯하네. 삼 년 동안이 걸리지 않았나. 그는 고생하느라고 삼 년이나 지웠지만 나는 그 삼 년 동안을 각지에서 적당히 살면서 다니자는 것이네. 시절을 가려 적당한 곳을 골라서는 몇 달씩 혹은 한철을 거기서 살고는 다음 목적지로 향하는 것이네. 그렇게 각지의 인정 풍속과 충분히 사귀고 생활을 즐기면서 다니는 곳에 참된 유람의 뜻이 있지 않나 하네. 가령 봄 한철은 파리에서 지내고 여름은 생모리츠에서 지내고 가을은 티롤에서, 겨울은 하와이에서 다시 부에노스아이레스에서 다음에 서전(스웨덴)에서 —— 이렇게 해서 세계를 모조리 맛보자는 것이네."

"그 길에 제발 나두 동행하세나. 이십 세기의 절색을 찬찬히 구해 보게."

청해의 농담도 벌써 농담만은 아닌 듯 또렷한 환영이 눈앞에 보여 와서 그는 눈동자를 빛내면서 술잔을 거듭 들었다.

"어떻든 내 자네들 구세주 되리, 공상 구락부의 명예를 위해서래두. 그것이 동무의 보람이란 것이 아닌가."

운심은 어느덧 곤드레만드레 취해서 나중에는 혀조차 꼬부라지는 판이었으나 그래도 이튿날에는 말끔한 정신과 개운한 몸으로 동무들의 전송을 받으면서 늠름하게 출발의 첫걸음을 떼어 놓았다. 고향에서 내리기가 바쁘게 사람들을 모아 일을 시작하고 있다는 소식을 며칠 안 가 동무들은 듣게 되었다.

운심이 시골로 간 후 그에게서 소식은 자주 듣는다고 해도 아무래도 무료한 마음들을 금할 수 없었고 공상의 불꽃도 전과 같이 활활 붙지를 못했다. 세 사람이 찻집에 모여들 보아도 좌중의 공기가 운심이 있을 때같이 활발하지 못했고, 생활의 경우가 갈린 이상 마음들도 서로 떨어지는 것 같아서 서먹서먹한 속에서 공상 구락부의 명칭조차 그림자가 엷어 가는 듯한 기색이었다. 그러는 중에 생긴 한 가지의 큰 변동은 천마와 백구가 뒤를 이어 차례차례로 직업을 얻게 된 것이었다. 물론 다따가 돌연히 된 것이 아니라 어차피 무엇이든지 일을 가져야 하겠기에 두 사람 다 은연중에 자리를 구해는 오던 중이었다. 그것이 공교롭게도 바로 이 때 두 사람이 전후해서 천마는 신문사에, 백구는 회사에 각각 자리를 얻게 되었던 것이었다. 근무 시간을 가진 두 사람은 낮 동안 온전히 매어 지내는 속에서 자유로이 시간을 가지지 못하고 밤에 들어서야 겨우 박쥐같이 거리로 활개를 펴고 날았으나, 피곤한 몸과 마음에 꿈을 꾸고 공상을 먹을 여가조차 줄어 갔던 것이다. 결국 세 사람을 잃은 청해 혼자만이 자유로운 몸으로 허구한 날 미모사에 나타나 민자를 노리면서 날을 지우게 되었다. 공상 구락부란 대체 그만 없어지고 만

것일까 하는 생각이 세 사람의 가슴 속에다 각각 문득 솟는 때가 있었다.

하루는 청해가 역시 미모사에서 차 한 잔을 앞에 놓고 우두커니 앉아 있으려니 별안간 눈앞에 나타난 것이 의외에도 운심이었다. 놀라서 멍하니 바라보고 있는 동안에 운심은, 막 시골에서 올라오는 길이네, 하고 앞자리에 털썩 주저앉는다. 사실 광산에서 그대로 빠져나온 듯이도 촌스러운 허름한 차림이었다.

"자네 내 주머니 속에 지금 돈이 얼마나 들었는지 짐작하겠나."

운심은 빙그레 웃으면서 두두룩한 가슴을 두드려 보았다. 물론 속주머니에 가득 찬 것이 돈이라는 뜻임이 확실하였다.

"이럴 것이 없네. 남은 동무들을 속히 모으게. 취직을 했다는 소리는 들었네만 오래간만에 얘기두 많어."

그날 밤으로 천마와 백구를 불러 네 사람이 오래간만에 한자리에 모여 편편하게 가슴을 헤치게 되었다.

"난 지금 운명의 희롱을 받고 있다고밖엔 생각할 수 없네. 일이라구 시작은 했으나 이렇게 잘 될 줄은 몰랐구, 너무도 어이가 없어 세상에 이런 수두 있나, 이것이 정말일까, 하는 생각이 하루에도 몇 차례씩 드네. 파기 시작한 지 얼마 안 돼서 소위 부광대(광맥이 풍부한 지대)를 만났는데 하루에도 몇 톤씩 나오데나그래. 사람을 조롱하는 셈인지 어쩌는 셈인지 조물주의 조화를 알 수 있겠나. 한편 즉시 시장으로 보내군 하는데 벌써 돈 만 원의 거래는 됐단 말이네. 난 지금 꿈을 꾸고 있는 셈이지 결코 현실 속에 살고 있는 것 같지는 않아. 이렇게 된 바에야 더욱 전력을 들일 수밖에 없는데 번 돈 전부를 넣어서 우선 완전한 기계 장치를 꾸미려고 하네. 이번엔 그 거래 겸 자네들과 놀 겸 해서 온 것이네만."

당사자인 운심 자신이 놀라는 판에 동무들이 안 놀랄 수는 없었다.

식탁 위 진미보다도, 술보다도, 눈앞의 명기들보다도 그들은 더 많이 운심의 이야기에 정신을 빼앗긴 것은 사실이었다.

"우리들의 공상도 이제는 정말 실현할 날이 얼마 남지 않았네. 일이 되기 전에는 세계 일주니 비행기니 하는 공상이 아무래도 어처구니없는 잠꼬대같이 들리더니, 지금 와서는 차차 현실성을 띠어 가는 그 모양이 또 어처구니없게 생각된단 말이네. 세상에 사람의 일같이 알 수 없는 것이 있겠나. 땅 속의 조화와 같이 사람의 일이란 참으로 알 수 없는 신비야."

"공상 공상 하고 헛소리루 시작된 것이지 사실 누가 이렇게 될 줄야 알았겠나. 지금 세상 그 어느 다른 구석에 이런 일이 또 한 가지 있으리라고는 도저히 생각할 수도 없네."

"제발 이 일이 마지막까지 참말 되어 주기를 —— 운심은 최후까지 성공하기를 동무들의 이름을 모아서 충심으로 비는 바이네."

모두들 다른 마음으로 동무를 찬미하고 술을 마시고 밤이 늦도록 기쁨을 다할 수는 없었다. 넘치는 기쁨은 마치 식탁 위에 빌 새가 없는 술과 같이도 무진장이었다. 잔치는 하룻밤에 그치는 것이 아니었다. 이틀이 계속되고 사흘로 뻗쳤다. 운심이 모든 준비를 갖추어 가지고 다시 고향인 일터로 떠났을 때에야 동무들은 비로소 마음을 가라앉히고 공상의 고삐를 조이고 각각 맡은 직업으로 나가게 되었다. 공상이 실현될 때는 실현되더라도 그 때까지는 역시 사소한 맡은 일에 마음을 바침이 사람의 직분인 듯도 하다. 물론 직업이 없는 청해는 역시 자기의 맡은 일 —— 미모사에 나가 다시 민자를 바라보게 되었던 것은 말할 것도 없다.

그러나 세상에 기적이라는 것이 간간이 가다가 생길 수 있는 것이라면, 나타났던 기적이 꺼지는 법도 있을 수 있는 것이 아닐까. 운심은 이번의 자기의 성공을 설명하기 어려워서 사람의 일이란 알 수 없는 신비라고 탄식했고, 자기의 경우를 운명의 희롱이나 아닌가 하고 의심도 했다. 그러나 그 의심과 탄식도 결국은 시간이 해결해 주는 것일 것이며 그마따나 조물주의 농간에 맡기고 기다리는 수밖에는 없는 것이다.

참으로 사람의 일이 알 수 없는 것임은 두 번째 나타난 운심의 자태를 보지 않고는 모를 일이었다. 운심이 내려간 지 달포나 되었을 때였다. 청해가 여전히 미모사에서 건들거리고 있을 때 오후는 되어서 그의 앞에 두 번째 나타난 것이 운심임을 보고 청해는 놀라서 첫번의 때와 똑같이 멍하니 앉아 있었다. 그 때의 청해의 한 가지의 변화라면 전번과는 달리 달포 동안 진을 치고 있는 동안에 완전히 민자를 함락시켜 그를 수중에 넣고 뜻대로 휘이게 되었던 것이다. 때마침 민자와 마주앉아 단 이야기에 잠겨 있던 판이다. 다따가의 동무의 출현에 사실 뜨끔하고 놀랐던 것이다.

"자넨 항상 기적같이 아무 예고도 없이 불쑥불쑥 나타나네그려. 이번엔 또 무슨 재주를 피우려나."

전번과 똑같은, 마치 산 속에서 그대로 뛰어나온 길인 듯한 허름한 차림임을 보고 청해는 농담을 계속했다.

"자네 내 주머니 속에 지금 돈이 얼마나 들었는지 짐작하겠나 —— 하고 왜 얼른 묻지 않나. 그 두두룩한 속주머니 속이 이번에두 지전으로 그득 찼겠지. 자넨 아무리 생각해두 보통 사람은 아니야. 초인이야. 영웅이야. —— 아니, 수수께끼고 신비야."

그러나 운심은 첫번 때와 같이 빙그레 웃지도 않으면서 동하지 않는 엄숙한 표정을 지닌 채 분부하는 듯 짧게 외쳤을 뿐이었다.

"동무들을 속히 모아 주게."

한참이나 동안을 떼었다가 조건까지를 첨부했다.

"요전같이 굉장한 데를 고르지 말구 될 수 있는 대로 간단하구 조촐한 좌석을 잡아 두게."

그 날 밤 네 사람이 한자리에 모여 앉았을 때에는 물론 전번과 같이 좌중의 공기가 유쾌하지도 즐겁지도 않고 알 수 없이 무겁고 서먹서먹한 것이었다. 물론 운심의 입이 천근같이 무거웠던 것이요, 그의 입이 떨어지기 전에는 아무도 감히 입을 열 수 없었던 까닭이다. 마치 제사의 단 앞에나 임한 듯 운심은 음식상을 앞에 놓고 간신히 무거운 입을 열었다.

"난 지금 운명의 희롱을 받고 있다구밖엔 생각할 수 없네."

별것 아닌 첫 좌석에서 말한 그 한 마디언만 그의 심상치 않은 태도에 긴장하고 있던 동무들은 그 말 속에서 첫번에 들었던 것과는 다른 뜻을 민첩하게 직각할 수 있었던 것이다.

"자네들의 공상의 책임을 졌던 나는 지금 말할 수 없는 괴롬과 두려움을 느끼고 있는 중이네. 내 운명이라는 것이 이제야말로 참으로 얼마나 무서운 것인가를 느끼게 됐네."

숨들을 죽이고 잠자코만 있는 동무들은 별수없이 그들의 예감이 적중된 셈이어서 더 듣지 않아도 결과를 넉넉히 짐작할 수 있었다. 운심의 그 이상의 말은 다만 자세한 설명으로밖에는 들리지 않았다.

"사람의 일이라는 것이 아무리 생각해두 그렇게 만만하게 잘 될 리는 만무한 것이야. 그것을 똑똑히 알게 됐네. 소위 부광대라는 것도 그다지 큰 것이 못 돼서 일을 시작하자마자 얼마 안 돼서 벌써 광맥이 끊어져 버린 것이네. 원래 휘수연의 광맥은 단층이 져서 어려운 것이라군 하는데, 광맥이 끊어진 위와 아래를 아무리 파가두 줄기를 찾을 수 없네그려. 아마도 지각의 변동이 몹시 심했던 것인 듯해서 기술자를 들여 아무리 살펴보아두 광맥의 단층이 정단층인지 역단층인지 수직단층인지조차도 알 수 없단 말야. 괜히 헛땅만을 파면서 하루에 기계와 인부의 비용이 얼마나 드는 줄 아나. 기계 장치니 뭐니 해서 거의 수만 원이나 들여놓고 이 지경을 만났으니 일을 중단할 수두 없는 처지요, 그렇다구 막대한 비용을 들여 가면서 헛일을 계속할 수두 없는 것이구, 첫째 벌써 그런 비용을 돌려 낼 구멍조차 없어져 버렸네. 어쨌으면 좋을는지 밤에 잠 한잠 이룰 수 있겠나. 물론 하소연할 곳조차 없는 것이구, 이렇게 이런 좌석에서 자네들에게 얘기하는 것이 처음이네. 별수없이 운명의 희롱을 받은 셈이지 다른 것 아니야.”

긴 설명을 듣고도 동무들은 다따가 대답할 바를 몰랐다. 자기일들만 같이 실망과 놀람이 너무도 커서, 탄식했으면 좋을는지 동무를 위로했으면 좋을는지 격려했으면 좋을는지 금시에는 정리할 수 없는 얼뻥뻥한 심정이었다.

“사람의 일이란 알 수 없는 것이야. 당초에 그런 산을 발견할 줄도 모른 것이요, 발견하자마자 옳게 맞출 줄도 몰랐네. 그러던 것이 오늘 다따가 맥이 끊어질 줄도 누가 알았겠나. 모두가 땅 속의 조화같이두 알 수 없는 것이야. 혹 앞으로 일을 계속하다가 다시 또 풍성한 광맥을 찾을는지도 모를 일이지만, 아무리 애써 봐두 벌써 일을 더 계속할 처지는 못 되는 것이네. 불가불 내일부터래두 모든 것을 던져 버려야 하는데. —— 지금의 마음을 도저히 걷잡을 수는 없어.”

“자네 일은 말할 수 없이 섭섭하고 가여운 것이어서 어떻다 위로할 수도 없으나 —— 지금까지의 호의가 마음 속에 배어서 고맙기 한량 없네.”

동무를 위로하는 천마의 가장껏의 말이 이것이었다.

“공상이란 물거품과도 같이 부서지기 쉬운 것! 사람의 힘으로는 어찌 눈에 안 보이는 일을 헤아릴 수 있겠나. 부서지는 공상, 깨지는 꿈 —— 난 웬일인지 이 자리에서 엉엉 울고 싶네. 자네 자태가 너무도 안타깝게 보여서.”

사실 백구의 표정은 금시 그 자리에서 울 것도 같은 기색이었다. 기생의 자태가 그의 옆에 없었던들 탓할 것 없이 목소리를 놓았을는지도 모른다.

"민자를 후리기를 잘했지. 어차피 미인 탐구의 세계 일주의 길을 못 떠나게 될 바에는……."

애수의 장면을 건지려는 듯이 청해는 모든 것을 농담으로 돌렸으나 그러나 그의 마음속도 따져 보면 쓸쓸하지 않은 것이 아니었다.

"어떻든 오늘 밤 모임이 공상 구락부로서는 최후의 모임 같은 느낌이 자꾸만 드네. 화려한 꿈이 여지없이 부서져 버린 것이네."

운심의 그 한 마디부터가 마지막 한 마디인 듯한 생각이 나면서 비장한 최후의 만찬을 대하고 있는 듯도 한 감상이 동무들의 가슴속을 흐리게 해서 모처럼의 별미의 식탁도 그 날 밤만은 흥이 없고 쓸쓸하였다.

그 날 밤의 그 쓸쓸한 기억을 남겨 놓고 운심은 다음 날 또다시 구름같이 사라져 버렸다. 고향으로 간 것은 틀림없는 것이나 사업을 계속하는지 어쩌는지는 물론 알 바도 없었다. 구만 리의 푸른 창공으로 찬란한 생각을 보내며 아름답게 피어오르는 구름을 잠깐 동안 잡았던 동무들은 순식간에 그 구름을 놓치고 한량없이 빈 허공을 바라보는 격이 되었다.

천마는 분주한 편집실 책상 앞에 앉았다가는 그 어떤 서슬에 문득 운심을 생각하고는, 사라진 추장의 옛 꿈을 번개같이 추억하다가는 별안간 책상 위에 요란히 울리는 전화의 벨 소리로 인해 꿈에서 놀라 깨어 가는 것이었고, 백구 또한 무료한 회사의 책상 앞에 우두커니 앉아서는 까마득하게 사라진 비행기의 꿈을 황소같이 입 안에 되씹고 곱씹고 하는 것이었다. 청해 역시 잡았던 등불이나 잃어버린 듯 집에서 책을 읽는 때에나 미모사에서 차를 마실 때에나 운심을 생각하고는 풀이 없어지며 인생의 적막을 느끼곤 했다. 혹 가다가 토요일 밤 같은 때 세 사람이 찻집에서 만나게 되어도 그들은 생각과 일에 지쳐서 벌써 전과 같이 아름다운 공상의 잡담을 건네는 법도 없이 우울한 표정으로 찻집을 바라보면서 마음 속으로는 인생의 답답함을 탄식하고 원망하였다.

"운심이 요새 어떻게 하구 지낼까."

"뉘 알겠나. 그렇게 되면 벌써 사람 일이 아니구 하늘 일에 속하는 것을. 하늘 일을 뉘 알겠나."

"우리 맘이 이럴 제야 운심의 심중은 어떻겠나. 꿈이라는 것이 구름같이 항상 나타났다가는 꺼져 버리는 것이기에 한층 아름다운 것이긴 하나, 운심의 경우만은 너무도 그것이 어처구니없구 짧았단 말이네."

"꿈이라는 것이 원래 사람을 실망시키기 위해서 장만된 것이 아닐까. 우리가 조물주의 뜻을 일일이 다 안다면야 웬 살 재미가 있구 꿈이 마련됐겠나."

쓸데없는 회화로 각각 답답한 심경을 말하고 그 무슨 목표를 잡으려고들 애쓰는 그들이었으나, 날이 지나고 달이 지나도 종시 이렇다 하는 생활의 표지를 찾을 수는 없었던 것이다. 다만 나날의 판에 박은 듯도 한 일정한 생활의 범위와 지리한 되풀이가 있을 뿐이었다. 그러는 중에서도 은연중에 운심의 뒷일을 궁금히 여기는 그들에게 하루는 우연히도 한 장의 소식이 날아들었다.

뜻밖에 운심에게서 오는 한 장의 엽서를 받고 청해는 사연을 전할 겸 천마와 백구를 찾았던 것이다. 물론 기쁜 편지가 아니었고 궁금히 여기는 그의 곡절을 결정적으로 알렸을 뿐이었다. 내용은 간단했다.

'일을 더 계속해 보았으나 이제는 완전히 실패임을 알고 모든 것을 던져 버렸네. 그 동안의 손해로 해서 얻은 것을 다 넣었을 뿐 아니라 도리어 수만금의 빚으로 지금엔 벌써 몸조차 돌리지 못하게 되었네. 이 자리로 세상을 하직하고 죽어야 옳을지, 살아야 옳을지, 지금 기로에 헤매고 있네. 수척한 내 꼴을 보면 모두들 놀라리. 아무래도 일을 다시 계속해 볼 계책은 서지 않네. 두 번째의 기적이 일어나기를

또 누가 바라겠나. 잘들 있게. 다시 못 만나게 될지 혹은 만나게 될지 지금 헤아릴 수 없네 ——.'

세 사람이 엽서를 낭독하고는 그채 묵묵하니 말들이 없었다. 결국 기다리던 마지막 소식이 왔구나, 세상이 끝났구나, 하는 생각이 각 사람의 가슴 속에 서리어 있을 뿐이었다. 가엾구나, 측은하구나, 하는 감상의 여유조차 없는 그 이전의 절박한 심경이었다.

"운심은 죽을까 살까."

이어서 일어나는 감정이 이것이었다. 이 크고 엄숙한 예측 앞에서 동무들은 한 결심을 하지 않으면 안 되었다.

"죽어서는 안 돼. 전보래두 치세나."

세 사람은 허겁지겁 각각 전보도 치고 편지도 쓰고 하면서 그 절박한 순간에 있어서 문득, 운심은 죽을 위인이 아니야, 두고 보지, 반드시 또 한 번 일어나서 그 광산으로 성공하지 않는가. 편지 속에도 그것이 약간 암시되어 있지 않는가. 두 번째 기적을 또 누가 바라겠나, 한 속에 은근히 기적을 바라는 심정이 나타난 것이며, 만나게 될는지 못 만나게 될는지, 한 속에도 역시 만나게 될 희망이 은연중에 번역되어 있지 않은가. 운심은 죽을 위인이 아니야. 보통 사람 아닌 초인적인 성격이 반드시 그의 핏속에 맥치고 있어 —— 하는 생각이 들면서 얼마간 기운들을 회복하고 마음을 놓게 된 것이었다.

"운심은 사네. 다시 광산을 시작해서 이번에야말로 크게 성공해서 —— 우리들의 공상도 다시 소생돼서 실현될 날이 반드시 있으리."

절박한 속에서의 이 한 줄기의 광명을 얻어 가지고는 세 사람은 그 자리에서 희망을 회복하고 그 한 줄기를 더듬어서 지난 꿈의 실마리를 다시 풀기 시작하면서 운심의 뒷일을 한결같이 빌고 축복하는 것이었다. 흐렸던 세 사람의 얼굴에 평화로운 기색이 내돌며 거리를 걸어가는 그들의 발자취 또한 개운한 것이었다.

일표의 공능

낮쯤 해 학교로 전화를 걸고 다짐을 받더니, 사퇴하고 집으로 돌아오기가 바쁘게 건도는 자동차를 가지고 왔다. 끌어앉히다시피 하고는 거리를 내려가 남쪽으로 훨씬 나가더니 윗골목 한 집으로 다다랐다. 뜰 안의 초목과 조약돌은 저녁물을 뿌린 뒤이라 푸르고 깨끗하다. 낯선 집은 아니었으나 양실만이 있는 줄 알았던 터에 층 아래에 그렇게 조촐한 '자시끼(다다미방)'를 본 것은 처음이어서 안내를 받아 복도를 고불고불 깊숙이 들어가니 그 한 간의 푸른 자릿방이었다. 또 한 가지 나를 서먹거리게 한 것은 방으로 들어섰을 때 상 건너편에서 방긋 웃음을 띤 한 송이 색채가 우리를 반기는 것이다. 그 역 낯선 사람은 아니었으나, 그날 저녁의 그 모든 당돌한 배치가 불시에 끌려나온 내게는 도무지 뜻밖의 일이었다. 건도의 그 날의 목적을 짐작하지 못하는 바는 아니었으나 그만쯤의 목적을 위해서는 지나치게 거창한 행사였다.

"만난 지 오래기에 하룻밤 얘기나 해 볼까 해서……."

설매도 그와 같은 표정으로 웃어 보인다. 이 해의 유행인지 치잣빛 적삼이 철에 맞아 화려하다. 술이 자꾸 뒤를 이어 들어오고 요리가 그

룻마다 향기를 달리한다. 웬만큼 술이 돈 때에야 비로소 건도는 부회의
원 선거의 일건을 슬그머니 집어냈다. 선거기가 임박했다는 것, 심심파
적으로 출마해 보겠다는 것을 말했을 때 나는 이미 나의 일표를 원하는
그의 심중을 응당 살피고,

"그까짓 내 뜻이 무어게, 오늘 저녁 대접은 과해. 몇백 표를 얻는 데
이렇게 일일이 턱을 썼다간 봉빠지게."

"일일이야 낭비를 하겠나만 —— 자네 혹시 다른 곳에 승낙하지나 않
았나 해서……."

"할 뻔은 했네만."

"거 다행이네. 놓치지나 않을까 해서 이렇게 조급히 서둔 거야."

대체 선거라는 것부터가 내게는 귀선 것이어서 선거권이 있는지 없
는지도 당초에는 몰랐고, 있다고 해도 그 시민적 특권을 그다지 달갑
게 여기지는 않았다. 선거에 관한 주의서가 부에서 개인명으로 나오게
되어 동료의 몇 사람이 내 한 표의 뜻을 설명하며 친구들의 모모가 그
것을 원한다는 말을 전했을 때 비로소 내가 이 고장에 온 지 몇 해며 1
년에 바치는 세금이 얼마 가량이라는 것이 막연히 머릿속에 떠오르며
의원의 덕으로 부민에게 얼마나의 이익이 올 것인지는 모르나 차례진
의무는 차례진 대로 하는 것이 옳으려니도 생각하기 시작했다. 그러나
후보자 속에 얼마나 뛰어난 사람이 있는지 몰라도 나로 보면 그 한 표
쯤 아무에게 준들 안 준들 일반인 것이다. 가까운 친구가 그것을 기다
리고 있었을 줄야 어찌 알았으랴.

"자네가 출마할 줄 꿈이나 꾸었겠나. 내 한 표가 긴하다면야 두말 있
겠나."

그러나 —— 하는 표정으로 그를 보았을 때 그도 민첩하게 그 표정
속에 숨은, 출마는 해서 무엇 한단 말인가, 자네도 그런 부류의 인간이
었던가 하는 뜻을 눈치챈 모양,

"자네 경멸할는지도 모르나 —— 이것두 생애의 한 체험으로 생각하려네."

하는 변명의 어조였다.

"체험, 파란 많은 자네 생애엔 벌써 체험도 동이 난 모양이지 —— 운동을 못 해 봤나, 교사 노릇을 못 했나, 기자 생활을 안 겪었나……."

기자 생활을 청산한 후로는 변호사 시험을 보아 오는 것이 몇 해 동안 실패만 거듭하고 있다. 시험에 성공한다면 그 자격으로서 또 의원의 자리를 바랄는지는 모르나 지금 같아서는 시험에 실격한 것이 출마의 원인일 듯도 싶다. 기자 생활을 버리고 변호사 시험을 원한 것부터가 그에게는 큰 생애의 변동이었고, 이제 의원으로 출마하게 된 것은 다시 백 보의 변동으로서 그 과정이 내 눈앞에는 여지없이 차례차례로 나타나고 그의 심경의 변화해 감도 짐작할 수 있기는 하다. 사상에 열중했을 때와 의원을 원하게 된 오늘과의 먼 거리를 캐서는 안 될 것이 시간의 길이와 변천의 고패에 착안함이 그를 충실히 이해할 수 있는 유일의 실마리일 듯싶으니 말이다.

"오늘 이 당장에 내게 그것밖엔 할 일이 무엇이겠나. 돌부처같이 가만히 있을 수 있다면 또 몰라두……."

변화라는 것이 그에게는 몸에 지닌 철학이자 처세의 원리라는 듯도 하다. 도리어 반문하는 듯이 어세가 높은 그의 태도 속에 그가 지금까지 자기 유(부류)로 살아온 모든 배포가 들여다보인다.

"그게 이번 출마의 이유란 말인가? —— 하긴 자넨 잠시도 가만있지 못하는 활동객이니깐."

"전에는 사상으로 행세했지만 지금에야 행세의 길이 달라지지 않았나."

"거리에서 꼭 행세를 해야 값이 있단 말인가?"

"행세를 못하구야 또 산 값이 무어겠나."

당초보다는 그의 생각이 퍽도 달라졌다. 사상으로 행세하던 때의 그의 입에서 나는 지금과 같은 말투를 들어 본 적이 없었다.

지금에는 벌써 그의 따지는 이치가 완고하리만큼 굳은 듯하다. 속은 무르면서 겉만을 그렇게 굳게 무장하고 있는지도 모르기는 하다.

"어서 뜻을 얻어 마음대로 행세하도록 하게나. 내 표는 염려 말구."

"북쪽에서만두 근 십여 명이 출마를 했으니 적어도 이백 표는 얻어야 바라보겠는데. 요행 교사 시대와 기자 시대에 사귀어 둔 사람들이 있어서 그들의 말이 헛것이 아니라면 이럭저럭 희망이 있네만 사람이 말만 가지구야 믿을 수 있어야지."

"설마 나까지야 못 믿겠나?"

"이렇게 야단스런 상을 받구야 턱 값이래두 해야 하잖겠나."

웃으니까 그도 따라 웃고 설매도 입을 열고 고운 잇줄을 구슬같이 내보인다. 이 때까지 다른 술좌석에서 설매를 만난 일이 여러 번이었어도 그가 건도의 짝일 줄은 몰랐다. 익숙한 두 사람의 눈치로 보면 여간한 사이가 아닌 듯하다. 그 원앙 같은 쌍이 합심해서 내게 베푸는 정성을 생각하면 거나한 김에 마음이 따끈해지면서 나도 건도를 위해서 마음의 정성을 베풀어야 할 것을 가슴 속에 굳게 먹게 되었다.

그 날 밤 술이 과했던지 이튿날 개운치 못한 정신으로 교단을 오르내리면서 건도의 일 건이 머릿속을 떠나지 않았다. 부회의원 —— 선거 —— 한 표를 얻기 위한 그 극진한 대접 —— 설매의 아슬아슬한 아첨 —— 건도의 장황한 설화 —— 의원이 되어야 면목이 서고 행세를 할 수 있다고 거듭 되풀이하던 그의 조바심이 내 일만 같이 마음 속에 살아 나왔다. 이 날부터 내게로 뒤를 이어 오게 된 우표 없는 약속 우편의 무수한 편지들 속에 건도의 것도 끼이기 시작했다. 한 사람이 여러 차례씩이나 비슷한, 판에 박은 선거 희망의 서장을 보내오는 속에서 건도의 것도 그들과 다름없는 같은 격식, 같은 내용의 것이었다. 그를 후원하는 후원회에서 보낸 추천장에는 10여 명의 후원자의 열 명 아래에 그의 학력과 경력과 인물을 세세히 적어 후보자로서 가장 적당함을 증명했고, 그 자신이 보낸 서장 속에는 피선된 후의 포부와 계획을 당당 5, 6천 자의 장황한 문자로 논술 설명해 왔다.

교육 기관의 확충, 특히 초등 교육의 충실, 시가지 계획, 위생 시설, 사회적 시설, 산업 조장 등의 항목을 들어 부의 행정 시설을 검토하고 장래 부세에 대한 설비를 계획해서 부정의 백년대계를 세우겠다는 위대한 기개였다.

수십 명이 차례차례로 보내온 비슷한 글발을 뒤적거리면서 나는 그 자신들의 흥분과는 인연이 멀게 나중에는 지쳐서 하품이 날 지경이었다. 그들이 감언이설*로 유혹하나, 나는 첫째로 그들에게 부탁할 말이 없는 것이요, 그들의 힘에 의지해서 부탁하고자도 않는다. 거리에 목마다 입후보의 흰 간판이 늘어서고 부민들이 선거의 화제로들 수물거린대도 내게는 선거라는 것이 도무지 경없는 일로나 보이면서 흥분은커녕 마음은 차게 가라앉을 뿐이었다. 일면식*도 없는 그들 군소 정객에게서 받은 수십 매의 편지를 거리에 뿌려지는 광고지만큼도 긴히 여기지 않으면서 드디어 선거의 날을 당하게 되었다.

5월도 끝 무렵이라 날이 더워 가는 때였다. 마침 일요일이었던 까닭에 나는 아침부터 뜰에 나서 꽃을 매만지고 있었다. 선거 투표는 오후 다섯 시까지였던 까닭에 조급히 집을 나서지 않아도 좋았던 것이요, 선거보다도 내게는 솔직히 화단의 꽃이 더 소중했던 것이다. 벌써 꽃피기 시작한 양귀비 포기를 만지며 물도 주고 잎사귀도 가지런히 추어 주며 한가하게 속사를 잊어버리고 있는 동안에 어느덧 오정이 울렸다. 행여나 투표를 잊어서는 안 된다고 한가한 마음을 깨워 주려는 듯이 뜻밖에

---

* 감언이설(甘言利說) 남의 비위에 맞도록 꾸민 달콤한 말과 이로운 조건을 내세워 꾀는 말.
* 일면식(一面識) 한 번 서로 만난 일이 있어, 약간 안면이 있는 일.

불쑥 들어온 것이 건도였다. 별반 필요가 없었던 까닭에 요정에서 만난 후 처음이었다.

가장 분주한 날일 텐데 웬일이냐고 물으니까, 며칠 동안 들볶아 친판에 피곤도 하고 그 날, 특히 자기에게 맡겨진 일도 없기에 수선스런 선거 사무소를 빠져나왔다는 것이었다. 마침 잘 왔다고 나는 차리고 나서면서 거리로 이끌었다. 일전의 호의에 대한 답례도 할 겸 투표까지의 시간을 함께 지우려는 것이었다. 그릴에서 점심을 먹고 맥주 잔을 기울이노라니 놓이는 마음에 내게는 내 고집이 생기면서 그의 말에 맞장구만을 치지 않고 내 유의 반성이 솟기 시작해 자연 입이 허랑해졌다.

"자네 낯이 넓으니까 염려야 있겠나만 운동한 결과 낙자가 없을 것 같은가?"

"삼백 표를 약속받았으니 반만 믿더라두 일백 오십이 아닌가. 일백 오십 표면야……"

"그럼 내 한 표쯤은 부뚜막의 소금 한 줌 표두 못 되겠네그려."

"삼백분지 일이니까 비례로는 적으나 그러나 자네 같은 정성이야 자네를 놓고야 삼백 중에서 또 누구에게 바라겠나."

"정성 —— 자네 부회의원 돼서 거리에서 행세를 잘 하라는 정성 말이지……. 이 며칠 그 정성에 대해 조금 반성하기 시작했는데……"

단숨에 잔을 내고 다시 맥주를 받으면서,

"—— 자네 보낸 그 야단스런 포부두 읽구 계획두 들었네만 —— 초등 교육 문제니 인도교 가설 문제니 위생시설 문제니 그것이 왜 내겐 그림 엽서나 포스터 속의 빛 낡은 선전문같이만 보이는지 모르겠네. 좀더 알뜰히 생각해 보려두 맘이 자꾸 빗나간단 말야. 확실히 필요한 조목인데두 —— 자네들의 실력을 얕잡아보는지는 모르겠으나."

그렇게 터놓고 말하는 것이 반드시 친구의 비위를 건드리지는 않은 듯 그도 속임없는 한 꺼풀 속 심경을 감추지는 않았다.

"……사실 나두 그게 격식이라기에 뭇 사람을 본받아 흉내는 내 봤으나 일을 하면서도 흡사 연극을 하고만 있는 것 같으면서 맘 속이 텁텁해 못 견디겠어. 대체 무슨 큰 수가 있어서 그것을 하노, 하구 피곤한 뒤에는 반드시 맘 한 귀퉁이가 피곤해. 내게 무슨 할 일이 없다구 그 짓을……."

과는 달랐어도 함께 학문을 공부하고 학술을 연구한 그 동기 동창의 솔직한 마음 속일 듯싶었다. 삼십을 갓 넘은 젊은 학사의 속임없는 하소연인 듯싶었다.

"의원의 하는 일이 불필요야 하겠나만 자네를 그 구실에 앉힌다는 것이 아무래두 희극이야. 양복을 입구 고깔을 쓴 것 같아서 격에 어그러져 뵈거던."

"내 할 일을 내가 간대루 모르겠나 ──."

동창의 얼굴은 불그레 물들고 눈은 온화하게 빛난다. 상 위에는 맥주병이 어느 새 수북이 늘어섰다.

"── 나이가 늦었다면 또 모르거니와. 적수공권의 알몸이라면 또 모르거니와……."

"그러게 말이네. 앞이 아직 훤한 우리가 무얼 못해서. 더구나 자네의 의기와 경제력을 가진다면야 앞날의 대업을 위한 준비를 하는 것이 차라리 값있는 일이겠구……."

"시험에 성공했었다면 또 모르거니와 내게 무슨 계획인들 없었겠나. 제일 가까운 수로 만주나 동경으로 내빼려구까지 맘먹었었네. 그런 것이 차일피일 거리에 묵고 있는 동안에 이 궁리를 하게 된 것이라네."

"망발이야. 아무리 생각해두 수치면 수치지 당선한댓자 영광은 못 돼. 삼십 세의 소장 법학사가 부회의원이라니. 의회 석상에서 부윤 이하 늙은이 의원들을 앞에 놓구 자네 웅변이 아무리 놀랍구 거리의 명성을 한 몸에 차지한다구 치더라두 자네 하는 구실이 희극 배우 가음밖에는 못 돼."

지나친 조롱이 그의 가슴을 후볐는지 동무는 자조의 웃음을 빙그레 띠더니,

"섣불리 돈푼이나 있는 게 내게는 얼마나 불행인지 모르겠네. 무슨 계획을 세우든 미지근해서 배수의 진을 치구 부락스럽게 나서질 못한단 말야…… 그러나 계획은 계획, 눈앞은 눈앞, 일단 출마한 바에야 뒤로 물러서는 수야 있겠나."

"당선돼야 한단 말인가?"

온화하던 눈망울이 긴장해지면서 결의를 보인다.

"암, 이겨야지. 근 반 달 동안을 고생해 놓구 지금 내 앞에 남은 결과가 이기는 것밖엔 더 있겠나. 나선 바엔 성공해야지. 그 후에 또 다른 일을 계획하든 어쩌든 그건 이것과는 별문제거든."

"자네 당선된다는 게 반가운 일 같지는 않아. 새옹마*의 득실로 실패함으로써 참으로 큰 결의가 올는지 뉘 아나."

"두구 보게 성공하잖나."

술병이 빈 것을 알고 나는 시계를 보았다. 이야기에 열중하느라고 시간 가는 줄을 모르고 있는 동안에 오후가 훨씬 지나 투표도 앞으로 두어 시간을 남겼을 뿐이었다. 나는 내 의무를 생각하고 조금 급스럽게 자리를 일어섰다. 너무도 한가한 오찬의 시간이었다.

"나만큼 자네를 생각하는 사람도 드물리. 어떻든 내 정성을 다하고 올게. 차차 또 만나세."

가게를 나와 건도와 작별하고 홀몸으로 나의 소속된 투표장을 향했

---

* 새옹마(塞翁馬) 인생의 길흉화복은 변화가 많아서 예측하기가 어렵다는 말. 새옹지마. 여기에서 쓰인 '새옹마의 득실'은 '새옹득실'로, 한때의 이익이 장차 손해가 될 수도 있고, 한때의 화가 장차 복을 불러올 수도 있음을 뜻한다.

다. 북부 투표 분회장인 S소학교 강당까지 이르기에 술도 거나한 까닭이었지만 나는 유쾌하다고 할까 우습다고 할까 복받쳐오르는 내 스스로의 유머를 못 이겨서 휘전휘전 정신이 없었다. 교문에는 순사가 삼엄하게 지키고 섰고 훤한 운동장에는 입후보의 간판이 일렬로 늘어선 앞으로 마치 입학 시험의 마당같이 군데군데 몇 사람씩 성글게 모여 서서는 수군들 거리는 것이 모두 내 유머의 비밀의 배경을 이루어, 내게는 유쾌한 것이었다. 도착 번호표를 받는다. 명부 대조소에서 승인을 받는다. 투표 교부소에서 주소 성명을 자칭한다 —— 넓은 강당 이모저모에서 밟아야 할 절차가 단순하지는 않았다.

회장 한 모에 놓은 단을 모으고 그 위에 부윤 이하 7, 8명이 회장을 향해 엄연히 앉아 있었다. —— 투표 용지를 들고 한구석에 이르렀을 때 집어든 붓대가 내 손끝에서 약간 떨렸다. 세모를 접은 복판 줄에다 나는 내 친구인 입후보자 박건도의 성명을 정성스럽게 적어야 하는 것이요, 그 목적으로 그 곳까지 이른 것이다. 박건도의 획수를 마음 속에 그리면서 순간 몸이 움칫하며 붓끝이 종이 위를 달렸다. 1분이 걸려야 할 이름이 1초가 채 안 걸렸다. 달막거리는 가슴을 억제하면서 용지를 제대로 집어들고 투표함 앞에 이르러 '정성의 한 표'를 넣었다. 내일로 내 경멸의 뜻을 알리라 외치고 싶은 충동을 느끼면서 거나한 눈으로 그들을 쏘아붙이고는 회장을 나왔다. 운동장을 나서 집으로 향할 때, 그 지난 1초 동안의 유머가 나를 한없이 통쾌하게 했다. 감독관과 선거 행위에 대해서 날카로운 비판의 화살을 던졌을 뿐 아니라, 사랑하는 동무 건도에게 대해서도 나는 내 마음의 정성을 다한 것이다. 반생 동안에 그렇게 통쾌한 유머와 풍자의 순간을 맛본 적이 없다. 다리가 비틀비틀 꼬이면서 한길 복판에서 목소리를 높여 웃고 싶으리만큼 즐거운 심정이었다. 세계 선거 역사상에 전례가 없을 특출한 순간의 걸작을 내놓은 그 선거의 하루가 내게는 오래 잊을 수 없는 독창적인 만족을 주는 것이었다.

　이튿날은 아침부터 본회장에서 개표가 시작되었다. 신문은 선거의 기사로 전면을 채우고 따로 호외까지를 발행했다. 그 야단스런 거사가 별안간 엄숙하게 여겨지면서 나는 어제의 내 행동을 생각하며 마음이 어느 정도로 흥분하지 않는 것도 아니었다. 대체 건도의 하회가 어떻게나 되나 궁금해하면서 사퇴한 후 저녁 거리에 나섰을 때, 큼직한 목마다 세운 각 신문사 속보판이 시간마다의 개표의 결과를 보도했다. 일렬로 늘어선 백여 명 후보자의 이름 아래서 숫자가 시시각각으로 경쟁을 했다. 건도의 이름 아래로 주의를 보낸 나는 기뻐해야 옳을는지 슬퍼해야 옳을는지 그의 성적은 상당히 우수한 편이어서 열, 스물씩 오르는 것이 다른 후보자의 결코 밑을 가지 않았다. 나는 목구멍이 근질거리는 일종 야릇한 심정을 느끼면서 백화점에 들렀다, 찻집을 찾았다 하다가는 다시 속보판을 들여다보는 것이었으나, 건도의 성적은 단연 우수해서 뭇 적수를 물리치고, 내가 집으로 돌아갈 때까지는 거의 백점을 바라보는 것이었다.

　개표는 다음 날까지 계속되었다. 건도는 역시 거리에서는 상당히 유력한 편이로구나, 부민들의 원이라면 그도 괜찮을 테지 생각하면서 냉정한 태도로 그의 성적의 발표를 주의하는 것이었으나, 이 날은 웬일인지 대단히 불리해서 낮까지에 130표가 오르고는 저녁때에 이르기까지 조금도 요동하지 않는다. 다른 후보자들이 거의 2백 표를 바라볼 때까지 그는 종시 130에 머무르고 말았다. 물론 그것이 결코 적은 표수는 아니어서 그 아래로는 층이 많고 심지어 백 표에 차지 못하는 사람도 많았으나, 반면에 그보다 윗수도 많아서 높은 것이 2백을 넘으려는 것이었다. 나는 저녁 불이 들어올 때까지 거리에 머물렀으나 도무지 까딱하지 않는 건도의 고정 수 130을 한도로 집으로 들어갔다. 전날의 놀라운 성적에 비겨서 웬일인고 생각하며 나는 기쁜지 섭섭한지 거의 표정과 말이 없이 걸었다.

반 달을 두고 끌어 온 수선스런 선거의 행사는 그 날로 완전히 끝난 것이었다. 이튿날 신문은 호외를 가지고 당선된 새로운 부회의원의 이름을 발표했다. 건도의 이름은 그 속에 없었다.

야릇한 것은 130이 참으로 당락의 분기점이었던 것이다. 130점부터 당선이요 130표가 낙선 —— 건도는 하필 그 공교로운 분기의 숫자로서 낙선의 비운을 맞은 것이다. 130과 하나 —— 한 표를 더 얻었더라면 당선이다. 한 표를 놓쳤기 때문에 낙선이다. 한 표, 운명의 한 표! 공교로운 한 표!

"건도 만세."

신문을 들여다보는 동안에 너무도 신기한 생각이 나서 모르는 결에 속으로 외쳤다.

"한 표로 그대의 운명이 작정되다. 건도 만세. 낙선 만세."

불운하게 당선이 되어서 부회의원이 된댔자 거리에서 행세를 한다고 휘돌아치다 소성에 안심한 채 몸을 버리기가 첩경 쉬울 뿐이다. 낙선이야말로 그에게 새로운 결심을 주고 새로운 길을 보일 것이다. —— 이것이 나의 처음부터의 생각이고 그에게 대한 정성이었다. 그는 요행 낙선했다. 한 표의 부족으로 그 한 표를 거절한 것이 참으로 나였던 것이다! 뜻하지 않은 그 공교로운 결과를 괴이한 것으로 여기면서 투표하던 날의 그 순간의 걸작을 나는 마음 속에 되풀이해 그려 보았다.

건도의 표정은 지금 대체 어떠한 것일까. 불만의 표정일까, 만족의 표정일까. 장차는 내게 얼마나 감사해야 옳을 것인가. 그의 낯짝을 구경하고 낙선 턱을 우려 내리라 —— 고는 생각하면서도 차일피일 즉시로는 만나지 못하고 그가 찾아올 날을 기다리고 있는 동안에 3, 4일이 지난 날 저녁이었다.

학교 동료들과의 조그만 모임이 있어 강을 내다보는 요정에서 마침

부른다는 것이 설매였다. 건도를 족쳐 낼 작정인 내게는 그 또한 다행한 일이었다. 붙들고는 첫마디가,

"건도 소식 들었나?"

설매도 마치 그 질문을 기다리고 있었던 듯이,

"첫날은 풀이 죽었더니……."

"다시 살아났단 말이지. 꼴 좀 보구 싶어."

"이를 갈아물구 결심이 단단한 모양예요."

"턱을 톡톡히 받아야 할 텐데……."

"낙선 턱 말이죠?"

"아무렴."

"만나면 말씀 전해 달라더만요."

"전화나 걸어 볼까."

든손 일어서려는 나를 설매는 붙들어 앉힌다.

"장거리 전화를 거실 작정인가요?"

"장거리는 왜?"

"동경으로 갔어요. 그저께 밤 부랴부랴 떠났어요."

"동경으로 흐음 ──."

나는 마치 내 자신의 계획이 맞아떨어진 것같이 무릎을 칠 듯이도 쾌연한 심사였다.

"거리에 더 무죽거리구 있을 면목두 없는 터에 몇 해 공부를 하겠다구 급작스럽게 차려 가지구 떠났죠. 선생님두 만날 체면이 없는지 뵙거던 소식을 전해 달라구 신신부탁을 하면서."

"잘했어. 바로 내가 바라는 거야."

결말을 들으면 간단한 것이나 건도의 심정을 생각하면 내 심중도 복잡하지 않은 것은 아니다. 그러나 마음이 고요하게 가라앉아 가면서도 한편 유연히 솟는 기쁨을 금할 수는 없었다. 동무를 한 사람 그런 방법

으로 구해 냈다는 것이 반드시 내 유의 독단은 아닌 듯하며, 그의 경우를 아는 사람이라면 나와 의견이 같을 것을 믿는다. 술을 마시고 잔을 설매에게 권하면서,

"설매두 건도가 이제야 옳은 길을 잡았다구 생각하잖나. 무엇을 어떻게 공부해 오든 봉지를 떼어 봐야 알 일이지만, 의원이니 무어니 때꼽쟁이* 감투를 쓰고 거들거리는 것보다는 수가 몇 층이나 윗길인가."

"저두 잠시는 섭섭하지만 잘하였다구 생각해요. 젊은 양반이 괜히 똑똑하다구 거리에서들 추스르는 바람에 까딱하다간 사람 버리기 일쑤죠. 뚝 떠난 게 잘하구말구요."

"그래 그를 뚝 떠나게 한 게 누군 줄이나 아나? —— 꼭 한 표로 낙선됐는데 그 한 표로 그를 떨어뜨린 게 누군 줄 아나?"

무엇을 말하려노 하고 설매는 나를 바로 바라본다.

"나라 나, 나."

"선생님이라니요."

"건도를 떨어뜨려 동경으로 떠나보낸 것이 바로 나야."

"승낙하신 한 표를 주시지 않았단 말인가요?"

"왜 주기야 줬지. 그러나 건도를 쓰지 않았어."

"어쩌나."

"이름을 안 쓰구 장난을 쳤어. 투표지에다 작대기를 죽 내려그었어."

"위반 행위를 하셨군요."

"그게 건도를 생각하는 정성이라구 생각했거든. 건도의 이름을 썼댔자 오늘의 건도가 났겠나. 어쩌다 그 한 표가 맞췄는지 생각할수록 신기하단 말야."

---

* 때꼽쟁이 '때꼽재기' 의 사투리. 엉켜 붙은 때의 조각이나 그 부스러기.

"그러니 약속하신 한 표를……."

"아무렴, 모두 내 공이야. 내 공이 커."

설매는 천만 의외라는 듯 놀라는 표정이 좀체 사라지지 않는다. 기쁜지 슬픈지 분간할 수 없는 눈매로 뚫어져라 하고 내 얼굴을 바라보는 것이다.

"왜, 설매는 반댄가. 내 한 일이 그르단 말인가?"

"천만에요. 그르기야 왜. 잘 하셨소. 청춘 하나 살리셨죠."

"건도가 있었더라면 얘기를 하구 한바탕 껄껄걸 웃으련 것이 그만."

"편지로래두 제가 일러드리죠. 그간의 곡절을……."

"편지는 나두 할 작정이야. 좀 장황하게 내 공을 자랑하구, 요다음 만날 때 톡톡히 예를 받아 내게."

"선생님두 원, 못하는 것이 없으셔."

설매도 내 심정을 터득했는지 활달한 웃음을 지었다.

"자, 우리 둘이 건도 만세나 불러 줄까."

병을 들어 설매에게도 따라 주니 그도 나와 마주 잔을 대었다.

"건도 만세!"

"건도 만세!"

가느다란 목소리로 합창을 하고 술을 머금을 때, 동료들은 무슨 일인가 하고 우리들을 빙그레 바라보는 것이었다.

삽화

의외에도 재도 자신의 흉계임을 알았을 때에 현보는 괘씸한 생각이 가슴을 치밀었으나, 문득 돌이켜 딴은 그럴 법도 하다고 돌연히 느껴지졌다. 그제서야 동무의 심보를 똑바로 들여다본 것 같아서 몹시 불유쾌하였다. 그 날 밤 술을 나누게 되었을 때에 현보는 기어이 들었던 술잔을 재도의 면상에 던지고야 말았다.

"사람의 자식이 그렇게도 비루하여졌더냐."

"오, 오해 말게. 내가 무엇이기로 과장이 내 따위의 말에 따라 일을 처단하겠나. 말하기도 전에 자네의 옛일을 다 알고 있네. 항상 그렇게 조급한 것이 자네의 병이야. 세상에 처해 나가려면 침착하고 유유하여야 하네. 좀더 기다려 보게나."

"처세술까지 가르쳐 줄 작정이야?"

이어 술병마저 들어 안기려다가 현보의 손은 제물에 주저앉아 버리고 말았다. 문득 재도의 위대한 육체가 눈을 압박해 오는 까닭이었다. 아무리 발악한대야 '유유한' 그 육체에는 당할 재주가 없을 것 같았고 그 육체만으로 승산은 벌써 한풀 꺾인 것을 깨달았다. 서로 떨어져 있는 몇 해 동안에 불현듯이 늘어난 비대한 그 육체 속에서 음모와 권술과 속세에 악덕이 물같이 괴어 있을 듯이 보였다. 그와 자기와의 사이에는 벌써 거의 종족의 차이가 있고 건너지 못한 해협이 가로놓여 있음을 알았다. 사람이 그렇게까지 변할 수 있을까 하고 느껴지며 옛일이 꿈결같이 생각되었다.

"아예 오해 말게. 옛날의 정이라는 것도 있잖은가."

"고얀 놈."

유들유들한 볼따구니를 갈기고 싶었으나 벌써 좌석이 식어지고 마음이 글러져서 싸움조차가 어울리지 않음을 느꼈다. 거나한 김에 도리어 다시 술을 입에 품는 동안에 가늠을 보았던지 마치 재도편에서 자리를 벌떡 일어나서 무엇인지 핑계의 말을 남기고 자리를 물러섰다.

"음칙한 것 ──."

또 한 수 꺾인 현보는 발등을 밟히고 얼굴에 침을 뱉기운 것 같아서 속심지가 치밀며, 그럴 줄 알았더면 당초에 놈의 볼따구니를 짜장 갈겨 두었더면 하고 분한 생각이 한결같이 솟아올랐다.

그제 와서는 모든 것이 뉘우쳐졌다. 무엇을 즐겨 당초에 하필 그 있는 곳으로 자리를 구하려고 하였던가. 옛날에 동무가 아니라 동지이던 그 우의를 의지한 것이 잘못이었고, 둘째로는 그 자리를 알선하여 준 옛 스승이 원망스러웠다.

아무리 앞길이 막히고 형편이 곤란하다 하더라도 구구하게 하필 그런 자리가 차례에 왔던가. 하기는 결과는 그제서야 알게 된 것이니 당초에야 짐작할 수도 없는 일이기는 하였으나, 재도는 한 방에서 일보게 될 옛날의 동무를 거절하였던 것이다. 현보의 덮여진 전 일을 들추어내서 과장의 처음 의사를 손쉽게 뒤집어 버린 것임을 현보는 늦게서야 깨달았던 것이다.

사람이 그렇게까지 변할 수 있을까? —— 현보에게는 수수께끼요 신비였다. 그를 그렇게 만든 것은 무엇이었던가? 그의 여위었던 육체가 몰라보리만큼 비대하여진 것같이 그의 마음의 바탕 그것을 믿을 수 없으리만큼 뒤집어 놓은 것은 대체 무엇이었던가? —— 생각이 여기 이를 때에 현보는 현혹한 마음을 금할 수 없었다. 저지른 사건도 있고 하여 학교를 나오자마자 현보는 고향을 떠나 오랫동안 동경을 헤매었다. 운동 속으로 풀숙 뛰어 들어가지는 못하였으나, 그 가장자리를 빙빙 돌아치면서 움직이는 모양과 열정 등을 관찰하여 간신히 양심의 양식을 삼았다. 물론 그를 그렇게 떠나보낸 것은 젊은 마음을 움켜잡은 시대의 양심뿐만 아니라, 더 가까운 그의 가정적 사정이었으니 일개의 아전으로 형편이 넉넉지 못한데다가, 그의 부친은 집 밖에 첩을 둔 까닭에 가정은 차고 귀찮아서 그 싸늘한 공기가 마침 현보를 쫓아 고향을 떠나게 하였던 것이다. 하기는 늘 그를 운동의 열정으로 북돋게 한 것도 직접 동력은 그것이었던지 모른다. 그가 동경에서 상식을 벗어난 기괴한 생활을 하고 있는 동안 고향과는 인연이 전혀 멀었다. 그 아득한 소식 속에서 재도는 학교 시대에 현보와 등분으로 가지고 있던 똑같은 사회적 열정을 헌신짝같이 버리고 오로지 일신의 앞길을 쌓아 올리고 안전한 출세의 길을 열기에 급급하였다. 물론 시세의 급격한 변화가 의외에도 갑작스럽게 밀려온 까닭은 있다면 있었다. 철학과를 마친 재도는 철학을 출세의 장기로는 부적당하다고 여겨 다시 법과에 편입하여 3년 동안이나 행정의 학문을 알뜰히 공부하였다. 갑절의 햇수를 허비하고 쓸모 적은 학위를 둘씩이나 얻어서 출세의 무장을 든든히 했던 것이다.

고등 문관 시험이 절대의 목표였으나 해마다 실패여서 아직껏 과장급에는 오르지 못하였으나, 그러나 이미 수석의 자리를 잡아 이제는 벌써 합격의 날을 기다릴 뿐으로 되었다. 여기에 이르기까지에는 뼈를 가는 노력을 한 것이니, 그 노력을 하는 동안에 인간의 바탕이 붉은 것에서 대뜸 검은 것으로 변하였다. 너무도 큰 변화이나 그러나 그의 마음에는 조금도 꺼릴 것이 없게 되고 세상 또한 그것을 천연스럽게 용납하게 되었다. 다만 오랫동안 갈라져 있게 된 현보에게만 —— 피차의 학교 시대만을 알고 그 사이에 시간의 긴 동안이 떨어졌던 현보에게만 그것은 놀라운 변화로 보였을 뿐이다. 중학교 시대부터 대학까지를 같이한 그 사이의 가지가지의 이야기를 대체 어떻게 설명하면 옳은가 하고 현보는 마음 속이 갈피갈피 어지러워졌다.

어린 때의 민첩한 마음을 뉘것 할 것 없이 한 번씩은 다 끌어 보는 것은 문학의 매력이다. 자라서 자기의 참된 천분*의 길을 발견하고 하나씩 둘씩 떨어져 달아날 때까지는 그 부질없는 열정을 누구나 좀체 버리려고 하지 않는다. 현보와 재도들도 그 예에서 벗어나지는 못하였다.

숙성한 셈이어서 중학교 2년급 때에 벌써 동인 잡지의 흉내를 내었다. 월사금을 발려 가지고 모여들 들어 반지를 사고 묵사지*를 사서는 제 식의 원고를 몇 벌씩 복사하여 책을 매어 한 벌씩 나누어 보는 정도의 것이었으나, 그 얄팍한 책을 가지게 되는 날들은 장한 일이나 한 듯이 자랑스런 마음을 얼굴에 드러내고들 하였다. 자연히 동인끼리는 친한 한패가 되어서 학교에서도 은연중에 뽐을 내고 다른 동무들의 놀림을 받고 그들과 동떨어지게 되는 것을 도리어 기뻐하였다. 잡지의 내용은 대개 변변치 못한 잡지 쪽에서 훔쳐 온 글줄이거나 간혹 독창적인 것이 있다면 유치하기 짝없는 종류의 것이었으나, 그렇게 모여든 기분만은 상 줄 만한 것이 있어 그것이 한 아름다운 단결의 실례를 보이는 때도 있었다. 잡지 첫 호 첫 장에 사진들을 실릴 수 없고 하여 각기의 필적으로 이름들을 적었으니 6, 7명 어지럽게 모여든 이름들 속에서 현보와 재도의 이름이 가장 큼직하게 눈에 띄었다. 자라서 의사도 되고

* **천분**(天分) 타고난 재질이나 복.
* **묵사지** '복사지'의 사투리.

공학사로도 나가고 혹은 자취조차 감추어 버리고들 한 가운데에서 현보와 재도만이 끝까지 인연을 가지게 된 것도 생각하면 기묘한 일이다.

달의 차례가 돌아와 현보의 집에서 모이게 된 날 밤늦도록 일을 하다가 마침내 심상치 않은 장난이라고 노려본 현보의 아버지에게서 톡톡히 꾸중을 당하게 되었다. 한 마디 거역하는 수 없이 그대로 못마땅한 얼굴로 헤어질 수밖에는 없었으나, 책임을 느낀 현보는 그 날 밤에 미안한 김에 술집에 들러서 동무들을 위로하게 되었다. 이것이 술을 입에 대게 된 시초였다. 얼근한 판에 현보는 부친의 무지를 비난하고 술버릇으로 소리를 높여 울었다. 심사풀이로 다음 날부터 며칠 동안은 드러누운 채 학교를 쉬었다. 사흘 되는 날 재도에게서 그림 엽서의 편지가 왔다. 고리키*의 사진 뒤편에는 위안의 말과 함께 이 당대의 문호의 소식이 몇 자 적혀 있었다. 그 짧은 글과 사진은 현보에게는 말할 수 없이 아름다운 것이었다. 그 살뜰한 감격이 깨뜨려질까를 두려워하여 그 한 장의 엽서를 한 권의 책보다도 귀히 여겼다. 현대의 문호 고리키의 사적을 재도가 자기 이상으로 알고 있다는 것이 그에게는 한 큰 놀람이었고, 귀한 그림을 아끼지 아니하고 보내 주는 동무의 마음씨가 고마웠고, 셋째로는 폐병으로 신음 중에 있다는 그 문호의 애달픈 소식이 웬일인지 문학으로 향한 열정을 한층 더 불지르고 북돋웠다. 다음 날부터는 갑절의 용기를 가지고 학교에 나갔다. 재도에게는 일종의 야릇한 사랑의 감정을 느끼게 되었다.

문학의 열정은 더욱 높아져서 그 후 동인 잡지가 부서지고 동무들이 다시 심상한 사이로 돌아가게 되어 버린 후까지도 재도와 현보의 뜻은 한

---

* 고리키(Gor' kii Maksim) 제정 러시아의 작가(1868~1936). 사회주의 리얼리즘의 창시자로, 어린 시절의 비참한 체험을 바탕으로 노동자 계급에 대한 애정과 그들의 현실을 담은 작품을 발표하여, 프롤레타리아 문학에 크게 공헌하였다. 작품에 희곡 〈밑바닥〉, 소설 〈유년 시대〉, 〈소시민들〉, 〈어머니〉 등이 있다.

고리키

결같았고 사이는 더욱 친밀하여졌다. 동인 잡지가 없어지고 학년이 높아 감에 따라 신문과 잡지에 투고하는 풍속이 시작되었다. 외단으로 실려진 시나 산문을 가지고 와서는 서로 읽고 비평하기가 큰 기쁨이었다.

투고 중에서 가장 보람있고 듬직한 것은 신년 문예의 그것이었으니 재도들이 처음으로 그것을 시험한 것은 마지막 학년의 겨울이었다. 재도와 현보는 전에 동인 잡지에 한몫 끼였던 또 한 사람의 동무를 꾀어 세 사람이 그 장한 시험을 헛일삼아 해 보기로 작정하고, 입학 시험 준비의 공부도 잠깐 밀어 놓고 학교를 쉬면서 각각 응모할 소설을 썼다. 추운 재도의 방에 모여 화롯불에다 손을 녹이면서 각각 자기의 소설들을 낭독한 후 격려하고 예측하고 한 그 날 밤의 아름다운 기억을 배반하고 비웃는 듯이 소설들은 참혹하게도 낙선이고, 다만 한 사람의 동무의 것이 선외 가작으로 뽑혔을 뿐이었다. 재도와 현보의 실망은 컸다. 더구나 재도는 조그만 그 한 일로 자기의 천분까지를 의심하게 되었고 문학에의 열정에 큰 타격을 받은 것도 사실이었다.

그 때에는 벌써 두 사람 사이에는 숨어서 술을 즐기는 버릇이 늘어서 화가 나는 때는 항상 더 좋은 기회가 되었다. 낙선의 소식을 신문에서 본 날 밤, 현보는 단골인 뒷골목 집에서 잔을 거듭하면서 울분을 토하고 기염*을 올리면서 화풀이를 하고 있었다.

"그까짓 신문쯤이 명색이 무어야. 신문에 안 실리면 소설 낼 곳이 없나."

거나한 김에 재도는 눈을 굴리며 식탁을 쳤다.

"현보, 낙망 말게. 지금 있는 신문쯤에 연연한다면 졸장부. 참으로 위대한 문학과 지금의 산문과는 아무 관계도 없는 것이야. 현재 조선에 눈에 걸리는 소설가 한 사람이나 있나. 그까짓 신문쯤으로 위대한 작

---

*기염(氣焰) (발언 따위에 나타나는) 호기로운 기세. 대단한 호기.

가를 발견할 수는 없단 말야."

현혹한 기염으로 방 안의 공기를 휘저어 놓더니 현보의 무릎을 치며,
"홧김에라도 내 잡지 하나 기어이 해 보겠네. 내 몫으로 차려진 백 석
지기만 팔면 그까짓 조선을 한번 온통 휘저어 놓지. 옹졸봉졸한 소설
가쯤이야 다 끌어다가 신문과 대거리*해 볼 테야. 신문의 권위쯤이
무엇이겠나. 자네 소설 얼마든지 실어 줌세. 그 때는 내 잡지에 실려
야만 훌륭한 소설의 지표를 받게 될 것이니까. 가까운 데 것만 내려
보고 대장부가 문학 문학 하고 외치는 것이 어리석은 짓이야. 낙담
말고 야심을 크게 가지세."

찬란한 계획에 현보는 눈이 부시고 정신이 얼떨떨하였다.

자라면 잡지를 크게 경영하여 보겠다는 것이 그의 전부터의 원이기
는 하였다. 앞으로 5백 석지기가 있다는 것과 그것을 사용함이 온전히
그의 자유라는 것도 전부터 들어는 왔었다. 그러나 맹렬한 그 잡지의
열정도 결국은 자기의 문학의 욕심의 만족을 얻기 위한 것일 것이니,
그의 그 날 밤의 불붙는 희망은 문학에 대한 미련 —— 따라서 낙망 이
외의 아무것도 아니었음을 현보는 간파할 수 있었다. 확실히 그 무엇에
홀리었던 취중의 그 날 밤이 지나고 맑은 정신의 새 날이 왔을 때에 현
보는 자기의 간파가 더욱 적중하였음을 깨달았다. 낙망하지 말라고 동
무를 격려한 재도 자신의 문학에 대한 낙망은 컸던 것이다. 거의 근본
적으로 절망의 빛을 보였다. 야심을 크게 가지라고 동무에게 권한 그
자신의 야심은 날이 지날수록에 간 곳 없이 사라졌다. 하기는 문학에
대한 야심이 차차 다른 것에 대한 그것으로 형상을 변하여, 모르는 결
에 그의 마음 속에서 점점 굵게 자라고 있었는지도 모른다.

문학의 사상과 혈족 관계가 가까운 듯하며 문학의 길은 사상의 길로

---

* 대거리 ① 대갚음하는 짓. ② 상대하여 대듦, 또는 그런 언행.

통하기 쉬운 것 같다.

재도와 현보가 중학을 마치고 예과를 거쳐 대학에 들어가게 되었을 때 다같이 철학적 사색을 즐겨하게 되었으며, 시대의 사상에 민첩하였고 과외의 경제의 연구에까지 뜻을 두게 된 것도 전부터의 같은 혈연 관계가 시킨 것이 아니었을까? 약속이나 한 듯이 경제 연구회의 임원으로 함께 가입하여 그것이 마침 해산을 당하게 될 때까지의 회임원을 지속한 것은 반드시 일종의 허영심으로 시대의 진보적 유행을 좇은 것만은 아니었다. 현보는 드디어 조그만 행동까지를 가지게 되었으며 당초에 문학을 뜻한 그로서 그것은 결코 당찮은 헛길은 아니었다.

그러나 연구회의 와해*는 시대의 변천에 큰 뜻을 가지어서 그 시기를 한 전기로 젊은 열정들은 무르게도 산지사방으로 흩어져 버렸다. 재도의 오늘의 씨를 품게 한 것도 참으로 이 때였다고 볼 수 있다. 그 때의 재도와 오늘의 재도를 아울러 생각함은 마치 붉은 해를 쳐다보다가 그 눈으로 별안간 검은 개천 속을 들여다보는 것과도 같아서 머리가 혼란하여지는 것이다. 그 때의 재도는 그 때의 재도로 생각하는 수밖에는 없다.

대학 예과에서는 1년에 두어 차례씩의 친목의 모임이 있었다. 갓 들어간 첫해 봄의 친목회는 다과를 먹을 뿐만의 것이 아니라, 앞으로 발행할 조그만 잡지의 계획을 의논하여야 하는 것으로 일종 특별한 사명을 띤 것이었다. 의논이 분분하고 의견이 백출*하여 자연 좌석이 어지럽고 결정이 늦었다. 여러 시간의 지리한 토론에 해는 지고 모두들 지쳐서 이제는 벌써 결정은 아무렇게 되든 속히 회합이 끝나기만 기다리는 지경에 이르렀다. 사람들이 모여서 한번 입을 열게만 되면 이론은 간단하면서도 말이 수다스러워짐은 어느 사회나 일반이어서 조그만 지

---

* **와해(瓦解)** 조직이나 기능 따위가 무너져 흩어짐.
* **백출(百出)** 여러 가지로 많이 나옴. 수없이 많이 나타남.

혜가 솟으면 그것을 헤쳐 보이지 않고는 못 배기고, 불필요한 말을 덧붙여서 자신의 존재를 알리고 싶어지고 쓸데없는 고집으로 정당한 말을 일부러 뒤집어 보려고 하는 것이 거의 누구나의 천성이어서, 잠자코만 있으면 밑진다는 듯이 반드시 그 어느 기회에 입을 한 번씩은 열어 보고야 만다. 그 어리석고 저급한 공기에 삭막한 환멸을 느끼며 무료한 하품들을 연발한 지경이었으나, 별안간의 벽력 같은 소리에 좌석은 문득 놀라지 않을 수는 없었다. 수다스런 의논에 싫증이 난 한 사람이 홧김에 찻잔을 던져 깨뜨린 것이다. 뭇 사람의 눈총을 받은 그 당돌한 생각은 엄연히 서서 누구엔지도 없이 고래 같은 목소리로 호통을 하였다.

"대체 이것이 무슨 꼴들인가? 요만한 일에 해가 지도록 의논이 분분해서 아직껏 해결이 없으니 그 따위의 염량*들을 가지고 일을 하면 무슨 일을 옳게 할 수 있단 말인가? 냉큼 폐회하기를 동의한다."

돌연한 호담스런 거동에 진행 중의 의논도 잠깐 중지되고 모두들 담을 떼우고 할 바를 몰라 잠시 그 무례한 말썽자를 우두커니들 바라볼 뿐이었다. 지친 판에 통쾌한 한 대였고 동시에 주제넘은 한 마디였다. 그 자신 홧김에 충동적으로 나왔을 것은 사실이나 그러나 또한 심중에 그 거동의 자랑스런 의식이 없었을까. 사실 그는 간단한 거동으로써 제각각 영웅이 되어 보려는 충중에서 가장 시기를 잘 낚아 효과적으로 손쉽게 영웅이 된 것이다. 확실히 행동 자체가 흐려진 분위기에 한 대의 주사의 효과는 있었으나, 그 동기의 관찰이 좌중에 꼴사나운 인상을 준 것도 사실이었다. 더구나 초년급인 그의 하급생의 지위로서 상급생까지를 휘몰아 호통의 주먹을 먹인 셈이 되었다. 이윽고 상급생의 한 사람이 긴장된 장내를 헤치고 성큼성큼 앞으로 나가더니 분개한 꾸지람으로 아니꼬운 영웅을 여지없이 족여 놓았다.

---

* **염량**(炎凉) 선악을 분별하는 슬기.

"주제넘은 친구가 누구냐. 버릇없는 야만의 행동이라는 것이다. 거리에 나가 대로상에서나 할 일이지 어떻게 알고 이런 자리에서 그런 무지한 버르장이를 피우느냐. 누구를 꾸지람하자는 어리석은 수작이야. 일이 늦어지는 것은 아무의 탓도 아닌 것이다. 여럿이 일을 할 때에는 반드시 적당한 계제를 밟은 후에 결론에 이르는 것이니 쓸데없이 조급하게 구는 것은 예의를 모르는 어린애의 버릇에 지나지 못한다. 다시는 그런 버릇 없기를 동무로서 충고한다."

한 마디의 대꾸도 없었다.

장내는 고요하고 긴장되어서 그 무슨 더 큰 것이 터질 듯 터질 듯한 무시무시한 침묵이 흘렀다. 좌중은 두 번째의 통쾌한 자극에 침체되었던 무료를 깨우치고 시원한 흥분 속에서 목을 적신 셈이었다. 상급생의 의젓한 꾸지람도 물론 시원스런 것이었으나, 당초의 하급생의 통쾌한 거동의 자극이 너무도 컸던 것이다. 시비와 곡직*은 둘째요 사람들은 솔직하게 두 가지의 자극 속을 헤매는 것이 사실이었다. 이런 때의 승패는 이치의 시비에보다도 완전히 행동의 자극에 달린 것이다. 승리는 뒤보다도 앞으로 기운 모양이었다. 더구나 꾸지람에 대하여 반 마디의 대꾸도 없이 고개를 숙이고 침착하게 주저앉은 것이 약한 것이 아니라 기실은 더 굳세다는 인상을 주어서 그 효과는 거의 만점이었다. 현보는 한편 자리에 앉아서 유들유들하고 뻔질뻔질한 그 동무의 뱃심을 놀라움과 신선한 감정 없이는 바라볼 수 없었다. 찻잔을 깨뜨린 그 무례한 영웅은 별 사람 아니라 재도였다.

이 조그만 재도의 행사를 생각할 때 현보는 한 줄의 결론을 발견하지 않을 수 없었다. 호담스런 호통을 하고는 결국 꾸지람을 당한 것이 마치 중학 때에 자신 있는 소설을 투고하였다가 결국은 낙선을 하여 버린

---

* 곡직(曲直) 굽음과 곧음. 사리의 옳고 그름.

그 경우와도 흡사하였다. 두 번 다 나올 때는 유들유들하게 배짱을 부리고 나왔다가 결국은 그 무엇에게 보기좋게 교만을 꺾이고야 말았다. 그러나 그 당초의 뱃심만은 소락소락 꺾이지 않고 끝까지 지그시 간직하고 있는 것이다. 그것이 그의 성격인 것같이 현보에게는 생각되었다. 그 배짱 속에 항상 야심이 숨어 있고 그 야심의 자란 방향이 오늘의 그의 길이 아니었던가.

호담스럽게 나왔다가 교만을 꺾인 예라면 또 한 가지 현보의 기억 속에 있었다.

대학 안에서의 연구회가 한창 성할 무렵이었다. 하루 저녁, 예회 아닌 임시회를 마치고 늦은 밤거리에 나왔을 때, 현보와 함께 또 몇 잔을 거듭하게 되었다. 술이 웬만큼 돌았을 때 재도는 불만의 어조였다.

"오늘 S의 설화를 어떻게 생각하나. 자랑과 아첨과 교만에 찬 비루한 길바닥, 연설 이상의 것이 아니야. 학문의 타락을 본 것 같아서 불쾌하기 짝없었네. 대체 S라는 인간 자체가 웬일인지 비위에 맞지 않아. 혼자만 양심이 있는 체하고 안하무인이나 기실은 거만의 옷자락으로 앞을 가렸을 뿐이 아닌가. 회 자체까지도 나는 의심하게 되네. 모이는 위인들에게 자존심과 허영심을 제하면 뭐가 남겠나, 다른 사람과 구별되는 무엇이 있겠나. 마치 회원 아닌 사람과는 종족이 다른 체하는 눈꼴들이 너무도 사납단 말이야. 사실 그 축에 섞여 회원 되기가 부끄러워. 자네는 어떤가. 그 유에서 빠질 수 있겠나."

쓸데없는 불쾌한 소리에 현보는 짜증을 발칵 내며 빈 속에 들어간 술의 힘도 도와서 그의 손은 모르는 결에 재도의 볼을 갈기고 있었다. 갈기고 나서 문득 경솔함을 뉘우치게 되는 거의 무의식중의 일이었다.

"자네 생각이 그르다는 것은 아니다. 하필 그런 것을 생각하는 태도가 틀렸단 말이네. 그야 인간성을 말하려면 그 누구 뛰어난 사람이 있겠나. 그러나 우리의 문제는 하필 그런 것이어야 하겠나. 그런 것만 꼬집어내다가는 까딱하면 옳은 길을 잃고 빗나가기 쉬우니까 말이네."

의아한 것은, 재도는 그 이상 더 대거리하려고도 하지 않고 현보의 말에 반박도 하지 않고 잠시 잠자코 있었음이다.

"그럴까. 내 생각이 글렀을까. 그러나 그런 것이 의식에 떠오르지 않는다면 새빨간 거짓말이지. 이 문제가 더 중요한 문제일는지도 모르니까."

"또 궤변이야. 내용이 좀 비지 않았나. 그런 소리만 할 젠."

"주제넘은 실례의 말은 삼가게. —— 회원이든 회원이 아니든 행동이 없는 이상 오십 보 백 보가 아닌가. 회원이라고 굳이 뽐내고 필요 이상의 교만을 피울 것은 없단 말이야. 그 위인들 속에 장차 한 사람이라도 행동으로 나갈 사람이 있겠나. 내 장담을 두고 보게."

"고집두 어지간히는 피운다."

"자네 생각과 내 생각은 아마도 근본적으로 틀리는 모양이네. 마치 체질이 서로 틀리듯이."

현보가 그만 침묵하여 버린 까닭에 말은 거기에서 끊어져 버렸다. 재도의 괴망한 생각이 현보에게는 한결같이 위험하게만 생각되었다. 동무에게 볼을 맞으면서도 대거리는 하지 않으나, 마음 속에는 그의 독특한 배짱이 변함없이 서리어 있을 것이 현보에게는 분명히 들여다보였다.

그 후로 두 사람의 거리와 생활이 갈라지게 되었으므로 다정한 모임으로는 이것이 마지막이었으나, 생각하면 재도의 마지막 한 마디가 두 사람의 근본적 작별을 암시한 무의식중의 한 선언이었던 듯이도 현보에게는 생각되었다.

강릉 선교장

행진곡

　혼잡한 밤 정거장의 잡도를 피하여 남과 뒤떨어져서 봉천행 3등 차표를 산 그는, 깊숙이 쓴 모자 밑 검은 안경 속으로 주위를 은근히 휘돌아보더니 대합실로 향하였다. 중국복에 싸인 청년의 기상은 오직 늠름하였다. 조심스럽게 대합실 안을 살펴보면서 그는 한편 구석 벤치 위에 가서 걸터앉았다.

　차시간을 앞둔 밤의 대합실은 물끓듯 끓었다. 담화, 환조, 훈기, 불안한 기색, 서마서마한 동요, 영원한 경영, 엄숙한 생활에 움직이고 움직였다. 그 혼잡의 사이를 뚫고 괴상한 눈이 무수히 반짝였다. 시골뜨기 같이 차린 친구 —— 회조한 도리우치*, 어색한 양복저고리, 짧고 깡충한 바지, 어디서 주워모았는지 너절한 후카고무, 게다가 값싼 금테 안경으로 단장한 그들의 눈은 불유쾌하리만큼 날카롭게 빛났다. 영리한 그에게 이 어색하게 분장한 '시골뜨기' 쯤야 감히 두려울 바가 아니었지

＊도리우치　운두가 없고 둥글납작한 모자를 가리키는 일본말. 헌팅캡. 사냥 모자.

만 피로를 모르고 새롭게 빛나는 그들의 눈은 몹시도 불유쾌하고 귀치 않은 존재였다. 그것은 길을 막고 계획을 부수려고 노리는 무서운 독사의 그것이었다. 이것이 그의 생활과는 뗄래야 뗄 수 없는 고맙지도 않은 존재였다. 그만큼 그의 전 생활은 말하자면 초조와 불안의 연쇄였다. 가정이 있고 아내가 있고 안도가 있고 일신을 보호하여 주는 사회와 법률이 있는 그런 것이 그의 생활은 아니다. 지혜를 짜고 속을 태우고 용기를 내고 힘을 쓰고 하루면 스물네 시간, 1년이면 삼백육십오 일의 모험이 있고 죽음이 있다. 이것이 그의 생활이었다. 이러한 자기의 처지와 주위라 군중을 대조하여 생각할 때의 그는 침울하여졌다.

'나는 뭇 사람을 위하여 일한다. 그러나 그들은 그것을 알고 있을까. —— 물론 알아 달라는 것은 아니다. —— 내가 누구라는 것을 이 호복* 입은 사내가 대체 무엇이라는 것을 짐작이라도 할까. 이 조마조마한 애타는 가슴 속 —— 그것은 계집애를 생각해서가 아니다 —— 을 살펴 줄 수가 있을까. 끓는 청춘의 혈조를 초조와 모험에 방울방울 태워 버리고 마는 나, 그것을 이해는커녕 오히려 경멸하는지도 모르는 수많은 그들, 세상이 어떻게 되어 가는지도 모르고, 알려고도 하지 않는 그들, 가난은 모두 전세의 죄라고밖에는 생각할 줄 모르는 그들, 그들과 나 사이에는 간격이 있다. 바다가 있다. 어쩔 수 없는 구렁이 있다.'

이 급하고 긴장된 순간에도 그는 쓰린 공허를 느꼈다. 건질 수 없는 영원의 공허를 느꼈다. 평생에 '생각' 이라는 것을 경멸하여 온 그였건마는 때때로 문득 이렇게 생각나고 반성되는 순간이 있었다. 그러나 또다시 대합실 혼잡, 환조, 불안, 동요, 반짝이는 눈, 계획, 직무 —— 현실에 돌아왔을 때에 다시 생각이 어리석음을 깨닫고 결심에 불질렀다.

---

* 호복(胡服) 만주 사람의 옷.

'왜 이렇게 어리석게 생각하는가, 군중에 휩쓸려 춤추어라. 빛나는 눈을 속여 계획하여라. 일하여라. 천만 번 생각하여도 생각은 생각이다. 세상에 '생각'이라는 것이 해놓은 무슨 장한 일이 있는가. 있다고 하여도 그것은 다 거룩한 '행동'의 뒤끄트러기에 지나지 못한다. 처음에 '행동'이 없다면 별수없이 굶어 죽었지 생각할 여유조차 없었을 것이다. 책상 구석에서 뽐내고 진리니 콧구멍이니 외치지 말아라. 한 끼의 밥이 없었다면 철학자의 대가리가 다 무엇 말라 죽은 것이냐. 생각보다는 행동하자! 나가자! 일하자!'

언제든지 결국은 정해 놓고 도달하는 이 결론에 다다랐을 때에 그의 결심의 빛은 또다시 새로웠다.

"봉천행 봉천차 ——"

역부의 외치는 우렁찬 목소리가 대합실에 울리자 소란히 움직이는 군중에 휩쓸려 그는 가방을 들고 늠름하게 자리를 일어섰다. 뒤로 돌아서 남모르는 동안에 코밑에 수염을 붙였다. 모자는 될 수 있는 대로 깊숙이 쓰고 호복은 될 수 있는 대로 질질 끌면서 개찰구로 움직여 가는 군중 속에 섞여 버렸다.

위대한 흐름이다. 막을 수 없는 흐름이다. 생활의 위대한 —— 그것은 절대의 흐름이다. 대합실, 개찰구, 층층대, 플랫폼, 열차에까지 뻗친 흐름 —— 그것은 위대한 흐름이었다. 구하러 가는 사람, 찾아가는 사람, 계획하러 가는 사람들, 모든 생활자의 위대한 흐름을 휩싸고 밤 정거장은 비장한 교향악을 울렸다. 이 살아 있는 군중을 볼 때에 그의 용기는 백배하였다.

"불이 번쩍 나게 부딪쳐라!"

아침에 회관에서 작별한 동지의 말소리가 다시 귀에 새로웠다. 열차는 출발의 의기에 씩씩하였다.

차 안은 수많은 얼굴에 생기 있었다. 의지, 결심, 창조, 얼굴, 얼굴,

얼굴, 얼굴, 얼굴.

얼굴 —— 혼잡한 사이에 겨우 자리를 잡고 앉아서 수염을 떼고 안경을 벗고 수많은 얼굴을 휘돌아보았을 때에 그의 시선은 건너편 구석에 있는 어떤 얼굴에 머물렀다. 그것은 몹시도 핼쑥하고 부드럽고 약간 강한 맛을 띤 듯한 소년이었다. 다 낡은 양복이며 깊이 쓴 캡이며 흡사 활동 사진에 나오는 유랑하는 소년이었다. 다만 빛깔이 너무도 희고 선이 연하고 가늘 따름이었다.

그는 일어나 소년의 앞으로 가서 그의 어깨를 잡았다. 소년은 기겁이나 할 듯이 깜짝 놀라 깊이 숙였던 얼굴을 들었다. 한참 동안이나 그를 똑바로 쳐다보더니 겨우 안도한 듯이 후둑이는 가슴을 어루만지면서 웃음을 띠고 입을 방긋 열었다.

"나는 또 누구시라구요."

"그렇게 놀랄 것이야 있습니까?"

하고 청년도 웃음을 띠어 보였다.

"그런데 웬일이세요?"

소년은 청년의 의외의 복색을 괴히 여기면서 아래위를 훑어보았다.

"일이 좀 있어서 봉천까지 가렵니다."

청년은 나직이 소년에게 속삭였다.

"봉천이오?"

"네, 일이 잘 되면 더 들어가구요."

청년은 주위의 눈을 꺼려서 나직한 목소리로 뒤를 흐리쳐 버리고 말길을 돌렸다.

"어디로 이렇게 갑니까?"

"어딘지도 모르지요."

소년의 목소리는 별안간 낮아졌다.

"어딘지도 모르다니요."

"닿는 곳이 가는 곳이에요."

눈물겨운 소년의 목소리에 청년의 얼굴은 흐려졌다.

"혼자요?"

"글쎄요, 또 쫓아오는지도 모르겠습니다."

하고 소년은 조심스럽게 주위를 돌아보았다.

"대관절 어젯밤에는 어떻게 되었습니까?"

하고 청년은 암담한 얼굴로 소년을 바라보았으니 그 가운데에는 이러한 이야기가 잠겨 있었다.

그 전날 밤이었다.

오후 6시를 지나 도회의 밤이 시작될 때 노동 숙박소 안은 바야흐로 생기를 띠어 갔다. 노동하러 갔던 사람, 일 못 잡아 해 진 거리를 헤매던 사람, 집도 절도 없는 사람 —— 도회의 배반받은 모든 불행한 사람이 해만 지면 하룻밤의 잠자리를 구하여 도회의 찌그러진 이 집 안으로 와글와글 모여들었다. 그러나 일루미네이션*과 헤드라이트와 사이렌으로 들볶아치는 거리에 비하여 뒷골목의 우중충한 이 숙박소는 버림을 받은 듯이 쓸쓸하였다. 주머니가 든든하니 생활의 윤택이 있단 말인가. 계집이 있으니 세상이 재미가 있단 말인가. 한 닢의 은전으로 때를 에우고 얇은 백동전으로 하룻밤의 꿈을 맺으니 합숙소의 밤은 단순하고 쓸쓸하였다. 다만 이슥히까지 각 방에서 새어나오는 이야기 소리, 코고는 소리가 묵묵한 단조를 깨칠 뿐이다.

생판 초면의 사람이 예닐곱씩 한 방에 모인다. 그 사이에는 체면도 없고 점잖음도 없고 겉 반드름한 예절도 없다. 거칠고 무미는 하나 솔직하고 거짓이 없다. 피차에 성도 이름도 모르는 사이지만 외마디에 그

---

* 일루미네이션(illumination)　전구나 네온관을 이용해서 조명한 장식이나 광고.

들은 마음을 받고, 두 마디에 사이는 깊어지고, 하룻밤 이야기에 온전히 단합하고 화하여 버렸다.

북편 구석에 외따로 박혀 있는 7호실도 이제 이야기꽃이 피었다. 벌써 여러 해를 두고 그 방에 유숙하고 있다는 윤 서방과 홍 서방 외에 감옥에 가 본 일이 있다는 사나이, 항구에서 왔다는 젊은이, 아라사*에 갔다 왔다는 청년, 모두 색다른 사람이 모였었다. 홍 서방은 낮 노동에 피곤함인지 먼저 잠들고 나머지 사람 사이에는 목침 돌림으로 이야기가 시작되었다.

모인 사람이 각각 색다르니만큼 그들의 이야기도 형형색색이었다. 세상 이야기, 고생 이야기, 감옥 이야기, 항구 이야기, 배 이야기, 아라사 이야기 —— 이 밤의 7호실은 조그만 세상의 축도였다. 거기에는 넓은 세상의 지식이 있고 피로 겪어 온 체험이 있고 똑바른 인식이 있었다. 대낮의 거리에서 양장한 색시에게 달려들어 여자를 기절시키고 보름 동안의 구류를 당하고 나왔다는 윤 서방의 이야기도 흥미 있는 것의 하나였으나, 원산서 해삼위*까지 캄캄한 선창에 숨어 물 한 모금 못 마시고 밀항을 하였다는 항구 젊은이의 이야기, 노서아* 어떤 도회에서 노동자의 시위 행렬에 참가하여 거기에서 노래부르고 ××기를 휘둘러 보았다는 아라사에 갔다 온 청년의 이야기는 여러 사람의 열과 감동을 자아냈다. 더구나 청년의 가지가지의 불만과 조리 있는 설명은 그들의 산만한 지식에 통일을 주고 생각 못하던 것을 띄워 주었다. 그리고 그의 힘찬 결론은 듣는 사람의 피를 뛰놀게 하였다.

이렇게 하여 방 안이 이야기에 정신 없을 때에 낮 모르는 소년이 하나 들어왔다. 이야기는 그치고 방 안의 주의는 그리로 향하였다. 낡은

* 아라사(俄羅斯) '러시아'의 한자음 표기.
* 해삼위(海蔘威) '블라디보스토크'의 한자음 표기.
* 노서아(露西亞) '러시아'의 한자음 표기.

양복에 캡을 깊숙이 쓰고 얼굴빛 핼쑥한 소년이었다. 역시 하룻밤의 안식을 구하여 온 불쌍한 소년이었다.

거친 사내들이 들끓는 노동 숙박소는 얼굴이 핼쑥하고 가냘픈 소년이 올 곳이 못 된다. 귀한 집 자식이면 집에서 밥투정을 해도 아직 망발이 안 될 그 나이에, 아무 걱정 없이 학교에 가서 공부에만 힘써야 할 그 나이에 이렇게 거친 파도에 밀려 세상의 참혹한 이면에 찾아오지 않으면 안 된 소년의 운명이 첫눈에 애처로웠다.

꼿꼿하고 단단은 해 보였으나 얼굴 모습이며 몸집이며 부드럽고 연약한 소년이었다. 어쩐 일인지 그는 맹수에게 쫓기는 양과 같이 겁을 집어먹고 불안에 씰룩씰룩 떨었다. 마치 옛이야기에 나오는 '불쌍한 소년'이었다.

"어디서 오는 소년이오?"

하고 물었을 때에, 대답은 하지 않고 소년은 쓰다가 버린 숙박 신입서 한 장과 숙박권을 내보였다.

열여덟 살 되는 직업 없는 소년이요, 내숙의 이유는 역시 잘 데 없는 까닭이라는 것, 이 외에는 아무 별다른 사항도 씌어 있지는 않았으나 소년의 불안한 기색과 조심스런 태도로 보아 신변에 어떤 심상치 않은 일이 일어난 것이 확실하였다.

"무슨 불안한 일이나 있소?"

'아라사'가 부드럽게 물었을 때에도 소년은 깊이 쓴 모자를 더욱 깊이 쓰면서 역시 대답을 주저하였다.

밖에서 수군수군하는 이야기가 들리고 별안간 바람이 문을 획 스치자 소년은 기겁이나 할 듯이 놀라면서 아라사의 팔을 꽉 붙들었다. 광채 나는 눈으로 문을 바라보는 그의 전신은 부르르 떨렸다. 그는 마침내 좌중을 돌아보면서 안타까운 목소리로 애원하였다.

"저의 몸을 좀 숨겨 주세요!"

"……"

좌중은 이 당돌한 애원에 영문을 몰라서 멍멍하였다.

"제발, 잠깐만 은신을 시켜 주세요."

재차 애원하는 목소리는 눈물겨웠다. 아라사는 소년의 팔을 붙들면서 물었다.

"무엇에 쫓겼단 말요?"

"네 저를 잡으려는 사람이 있답니다."

"순사란 말요?"

"아니에요, 얼른 좀 감춰 주세요."

밖에서는 발자국 소리가 저벅저벅 났다. 어쩔 줄 모르는 소년은 초조한 마음에 자리를 일어서서 설설 헤매었다. 차마 볼 수 없는 정경이었다. 그것을 보는 사람들의 애가 다 탔다. 한시라도 주저할 경우가 아니다. 어디에 감춰 주면 좋을까. 이불 속에? 그것은 너무도 지혜 없는 은신일 것이다. 좌중은 초조와 당혹에 어찌할 바를 몰랐다.

눈치빠른 '아라사'는 벌떡 일어서서 건너편 벽장을 손쉽게 열었다. 민첩하게 소년을 들어서 벽장 속에 넣고 부리나케 문을 닫아 버렸다.

아니나다를까 벽장을 닫치기가 바쁘게 밖에서 기침 소리가 높이 들리며 방문을 연다. 일동은 긴장된 마음으로 밖을 내다보았다.

순사는 아니었다. 사십이 넘어 보이는 수염 거친 사내와 키가 후리후리한 중국 사람 하나가 문 밖에서 말도 없이 염치 좋게 방 안을 살펴보았다. 자세히 훑어보고 또 훑어보았다. 고개를 갸웃하고 생각하다가 의심스런 눈으로 또 들여다보았다. 그러나 결국 그들의 찾는 대상이 없음을 깨달았을 때에 두 사람은 무어라고 한참 지껄이더니 마침 수염 거친 사내가 방 안 사람을 보고 물었다.

"캡 쓴 아이 하나 여기에 안 왔습니까?"

"안 왔소!"

아무 주저 없이 '아라사'는 한 마디로 엄연히 대답하여 버렸다.

"정녕 안 왔소?"

고개를 다시 갸웃하더니 그 사내는 재차 눌러 물었다. 그러나 '아라사'의 대답은 여일하였다.

"안 왔소!"

"캡 쓰고 양복 입은 아이 말요."

의심겨운 사내는 추근추근 또 한 번 물었으나 아라사의 여일한 대답은 반감을 일으킬 만큼 엄연하였다.

"안 왔달밖엔!"

사내는 어그러진 기대에 노기를 품었는지 방 안을 노려보더니 문을 닫고 호인*과 무엇인지 의논하면서 나가 버렸다. 방 안의 긴장은 풀렸다. 쭉 일어섰던 그들은 안심하고 자리에 앉았다. 겨우 안도가 왔다.

"다들 갔어요?"

하고 소년은 벽장문을 열고 뛰어나왔다. 적지않이 안심한 듯하였으나 불안한 기색은 아직도 다 사라지지는 않았었다. 너무도 고마운 그들에게 대하여서는 무엇이라고 사의를 표하였으면 좋을는지 몰랐다.

"대체 그가 누구란 말요?"

"제 당숙이에요."

"당숙에게 왜 쫓깁니까?"

"……."

소년은 한참이나 말이 없었다. 그러나 하도 여러 번 묻자 그는 나중에 눈물겨운 소리로 그의 과거와 전후 곡절을 대강대강 이야기하였다.

고향은 황해도의 어떤 해변이었다. 몇 해 전에 단 하나 믿었던 형을

＊ 호인(胡人) 만주 사람.

잃어버리고 나니, 할 수 없이 늙은 어머니와 그는 당숙에게 의지하게 되었다. 당숙은 원래 넉넉지 못한데다가 술이 과하였다.

그 후에 장사를 하네 무엇을 하네 하고 동리의 거상인 중국인에게서 많은 빚을 냈다. 갚을 능력이 없는 그에게는 이것이 점점 큰 짐이 되었다. 나중에는 할 수 없이 그는 중국인의 요구대로 당질을 호인의 손에 넘기게 되었다.

호인은 소년을 배에 싣고 중국으로 데리고 들어가려 하였다. 괴상한 배 속에서 소년은 공포와 고독에 울었다. 그러는 동안에도 항상 몸을 빼칠 기회만 엿보고 있었다. 마침 배가 어떤 조그만 섬에 돛을 내렸을 때이었다. 소년은 그와 운명을 같이한 자기 또래의 동무들과 계획하여 대담히도 탈선을 꾀하였다. 어둠 깊고, 바다 검은 어렴풋한 달밤이었다. 무서운 선인들의 눈을 피하여 그들은 완전히 섬 속에 몸을 감출 수 있었다. 섬 사람들의 동정과 호의로 인하여 섬 배를 타고 다시 서해안으로 건너왔을 때에 소년은 그 길로 서울로 향하였다. 그러나 벌써 그 기미를 알아차린 호인은 뒤를 밟아 당숙을 끌고 서울까지 쫓아왔었다.

낡은 양복과 깊은 캡에 감쪽같이 분장은 하였으나 눈치빠른 그들은 용하게도 뒤를 쫓았던 것이다.

의지할 곳 없는 가정, 몹쓸 당숙, 어린 소년, 흉한 호인, 흔히 있는 일이다. 좌중은 이 어린 소년의 기구한 운명에 놀라지 않을 수 없었다.

"그래서 나중에는 여기까지 뛰어 들어왔습니다."
하면서 소년은 눈물을 씻었다.

"아까의 그들이 바로 당숙과 그 호인이오?"

"그렇답니다."

소년의 대답이 끝나기도 전에 방 안에는 벼락이 내렸다. 소년은 파랗게 질려서 그 자리에 화석하여 버린 듯하였다. 문이 번개같이 열리면서 아까의 수염 거친 사내와 호인이 또다시 나타났던 것이다. 노기에 상은 찌그러지고 거친 수염이 밤송이같이 가스러졌다*. 날째게 그 사내는 문지방에 몸을 걸치더니 소년의 팔을 거칠게 잡아낚는다.

"이년아, 가면 네가 어딜 간단 말이냐!"

소년을 보고 별안간에 년이라고 하는 모순된 말소리에 방 안은 다시 놀랐다. 모두 멍멍하여 말할 바조차 모르고 사내와 소년을 등분으로 바라보았다.

사내는 반항하는 소년을 온전히 끌어당겼다. 노기에 전신을 떨면서 어쩔 줄을 몰랐다.

"못된 계집아이 같으니, 요리조리 피해 다니면 어떻게 할 소견이란 말이냐."

하면서 험상궂게 소년을 쥐어박았다. 그 바람에 깊이 썼던 소년의 모자가 벗겨져 달아나고 —— 방 사람의 놀람은 컸다 —— 서리서리 틀어올렸던 머리채가 거뭇하게 풀려 내렸다. 가냘프던 '소년'은 별안간 늠름한 처녀로 변하였다. 가는 눈썹, 흰 이마, 검은 머리, 다시 보아도 늠름한 처녀였다.

방 안 사람들은 믿을 수 없는 듯이 의아한 눈으로 그를 똑바로 바라보았다. 중세기의 연극에서나 일어남직한 일이지 현실에서는 생각하기 어려운 일이기 때문이다.

그러나 아무리 보아도 엄연히 그는 늠름한 처녀였다.

"당숙 말대로 하면 그만이지 어린 계집년이 이게 무슨 요망한 짓이냐, 응?"

당숙이란 자는 호인에게 대한 변명인 듯도 하게 호인을 바라보면서 처녀를 꾸짖었다. 그러나 처녀는 말없이 울 따름이었다.

"그렇게 굴면 굶어만 죽었지 별수있나?"

---

 * 가스러지다 잔털 따위가 거칠게 일어나다.

"죽어도 좋아요, 그런 놈에게는 가기 싫어요."

참을 수 없어 처녀는 느끼는 목소리로 대꾸를 하였다.

"그래도 요망을 피우네. 집의 늙은 어머니를 좀 생각해 봐라."
하면서 그자는 처녀를 모질게 끌어냈다.

"이 안된 놈아!"

잠자코 있던 '아라사'는 불끈 일어나서 다짜고짜로 궐자(그 사람)를 주먹으로 쥐어박아 그 자리에 쓰러뜨렸다.

예기치 않은 공격에 힘없이 쓰러진 그는 다시 일어나서 대적하였다. '아라사'의 의분도 크니만큼 그 사내의 위세도 험상궂으니만큼 두 사람의 싸움은 맹렬하였다.

문 밖에는 어느덧 사람의 파도를 이루었다. 잠들었던 각 방 사람이 때 아닌 밤 소동에 깨어나서 곤한 눈을 비비면서 모여들었다. 나중에는 사무원과 주임까지 사람을 헤치고 들어왔으나 그들 역시 어쩔 줄을 몰랐다.

싸움은 어우러졌다. 방 안 사람들도 가만히 보고 있지는 않았다. 같은 의분에 타오르는 수많은 주먹이 그 '못된 놈' '죽일 놈' 위에 날았다.

늦은 밤의 숙박소는 어지러웠다. 이 어지러운 사이에 휩쓸려 이 때까지 서 있던 호인의 그림자는 사라져 버렸다. 처녀의 자태도 금시에 보이지 않았다.

정신없이 싸우던 그들은 겨우 그런 줄을 알았다. 호인에게 끌려간 처녀를 생각하고 이 때까지 싸운 것이 물거품에 돌아간 것을 깨달았을 때에 '아라사'의 실망은 컸다. 전신 피투성이가 된 사내도 이 틈을 타서 슬금슬금 도망질을 쳐 버렸다.

이렇게 하여 쓸쓸하던 밤의 합숙소는 한바탕 끓어올랐던 것이다.

이 밤의 '아라사'와 처녀가 즉 이제 이 봉천행 열차 안의 호복한 청년과 캡 쓴 소년임은 다시 말할 것도 없다. 중대한 직무를 띤 관계상 하룻밤의 피신이 절대로 필요하여 일부러 궁벽한 합숙소를 찾아왔던 청년은 이렇게 하여 역시 마수를 피하여 은신하러 왔던 처녀와 알게 된 것이다.

열차는 힘차게 달리기 시작하였다. 복잡한 거리 옆에 기대선 청년은 한편 반가운 마음에도 의심쩍어서 소년에게 물었다.

"대체 호인 손에서는 어떻게 빠져나왔습니까?"

소년은 낮은 목소리로 전날 밤에 일어난 그 뒷일을 일일이 이야기하였다. 호인에게 끌려 거리에 나오자 돌연히 높은 고함을 질렀다는 것, 파도같이 모여드는 군중에 울면서 호소하였다는 것, 군중이 호인을 잡고 시비하는 동안에 사람의 틈을 빠져서 달아났다는 것을 자세히 이야기하고는 부끄러운 듯이 청년을 바라보면서

"그 뒤에 바로 가서 머리까지 깎아 버렸어요."

하더니 모자를 벗고 새빨간 머리를 드러내 보였다. 소년의 대담하고 용감스런 마음에 청년은 자못 놀랐다.

"아니, 그렇게 하고 대체 어떻게 할 작정이오?"

"멀리멀리 가 버리고 싶어요."

"늙은 어머님은 어떻게 하고요?"

"뵈이고는 싶으나 시골 가면 또 붙잡히고야 말 것입니다."

"……."

"서울도 위험하고 고향도 못 살 곳이라면 차라리 낯선 곳에 멀리멀리 가 버리는 것이 낫지요."

"그러나 잔약한 몸을 가지고 거친 세상에 정처없이 나가면 어떻게 한단 말요."

청년은 하도 딱해서 암담한 얼굴로 소년을 바라보면서 이렇게 말하였으나, 그것은 그렇게까지 결심한 소년에게는 아무 광명도 도움도 되

지는 못하였다. 꽃 피고 배 익는 아름다운 삼천리 동산을 두고도 밀려나가고 쫓겨나가는 우리의 정경을 소년은 이미 '서울도 위험하고 고향도 못 살 곳'이라고 느꼈거늘 청년은 새삼스럽게 무엇이라고 말할 수 있었으랴.

요란한 열차 안에서 그들 사이에만은 침묵이 흘렀다.

열차는 열정을 가지고 달렸다. 잡도를 싣고, 생활을 싣고, 비극을 싣고 쉬지 않고 북으로 북으로 달렸다.

열차의 달리는 소리에 귀기울인 청년의 마음 속은 소년의 생각으로 가득하였다. 잔약한 처녀가 거친 세상에 길 떠난다. 의기는 용감스럽고 사랑스러우나 결국 파도의 아가리에 넘어가 버릴 잔약한 수부일 것이다. 그나 어린 수부는 배 떠나기 전에 건져야 한다. 그러나 그렇게 생각하는 내 자신도 일각 후의 운명을 헤아리지 못하는 위험한 몸이다. 무슨 힘으로 그를 건질 수 있을까……. 여기까지 생각하여 왔을 때에 청년의 마음은 슬펐다. 자기 자신의 무력을 분개도 하였다. 결국은 늘 다다르는 결론 '나가자. 일하자!'에까지 이르자 수많은 군중의 잡도를 뚫고 무섭게 빛나는 '시골뜨기'의 시선이 돌연히 청년의 눈과 부딪쳤다. 청년은 깜짝 놀랐다. 그는 겨우 소년의 생각으로 하여 잊어버렸던 자기의 중대한 직무와 책임에 깨어났다. 이동 경찰의 그물은 물샐틈없이 풀려 있었다. 그 그물을 뚫고 나가지 않으면 안 될 그의 책임이 천근같이 무겁게 의식되었다.

샤오멘이 위에 챵이를 입고 그 위에 샤오콰, 다시 그 위에 마콰, 이렇게 여러 겹으로 깜쪽같이 차린 호복도 끊임없이 빛나는 수많은 눈앞에는 오히려 안전을 보증하지는 못할 것 같았다. 그의 손은 무의식적으로 쇼마의 구대(주머니) 속으로 갔다. 그 속에는 중대한 서류와 만일의 경우에 몸을 막아야 할 ……가 들어 있었던 것이다. 손아귀에 보듯이 드는 무기의 감촉은 산뜻하고 신선하였다.

구대 속에서 손을 빼고 어두운 창 밖을 향하였던 몸을 이 쪽으로 돌리자, 청년의 시선은 이 쪽을 노리던 독사 같은 눈과 또 마주쳤다. 그는 불의에 소스라쳤다. 작달막한 시골뜨기의 그 날카로운 시선이 점점 불안하여 왔다.

그는 우울한 마음에 소년을 그 자리에 앉혀 놓고 문을 열고 갑판 위로 나갔다. 그러나 거기에도 사람은 그득하였다. 그 사이로 괴상한 눈이 역시 빛났다.

다시 자리로 돌아왔다. 열차의 속력은 차차 줄어지더니 기적을 울리면서 정거장에 들어갔다. 오르고 내리는 사람으로 차 안은 동요하였다. 시골뜨기들도 각각 내리고 새것과 교체하였다. 그럴 때마다 청년은 안도와 불안의 모순된 이 두 가지 감정을 동시에 느꼈다.

내릴 것은 내리고 실을 것은 실은 뒤 차는 다시 움직이기 시작하였다. 차 안은 여전히 혼잡하였다.

청년은 감았던 눈을 가늘게 뜨고 검은 안경 밑으로 저편 구석을 바라보자! 아까의 그 독사 같은 눈과 또 마주쳐 버렸다. 가슴이 뭉클하였다. 손이 또다시 무의식적으로 구대 속에 들어갔다.

그는 벌떡 자리를 일어나서 소년에게로 갔다. 피곤함인지 무엇을 생각함인지 자리에 깊이 묻혀 눈을 감고 있던 소년은 청년의 목소리에 눈을 번쩍 떴다.

"여기 있는 것이 불안한 듯하니 식당차로 갑시다."

청년은 소년을 데리고 객차를 두엇 거쳐서 식당차로 갔다.

텅 빈 식당차는 조용하고 시원하였다. 소년에게는 차와 먹을 것을 시켜 주고 그는 우울한 마음에 맥주를 들이켰다. 주기는 전신에 돌았으나 정신은 더욱 맑아졌다. 그의 맑은 정신에는 새삼스럽게 현재가 또렷이 내어다보였다. 불안한 밤 열차, 소년과 자기 —— 자연의 성을 감추지 '않으면 안 되는' 소년, 국적을 감추지 '않으면 안 되는' 자기 —— 를

응시할 때에 그는 마음이 아팠다. 더구나 살풍경한 양복 쪼가리에 천부의 성을 가리고 그 위에 떳떳한 용모까지 이지러뜨려 버리지 '않으면 안 된' 처녀를 바라볼 때에는 자기의 누이동생과도 같은 어린 그에게 대하여 눈물을 금할 수 없었다. 누이동생이라면 그에게도 소년과 같은 누이동생이 있었고 소년에게도 청년과 같은 오빠가 있기는 있었다. 청년은 문득 오래간만에 누이 생각이 났다. 그는 오래 전에 죽었다. 굶고 병들어 죽었던 것이다. 주사 한 대면 훌륭히 살릴 것을 그것도 못해 준 그였다. 그 생각을 하면 가슴이 아프고 뼈가 저렸다. 그는 한갓 굳은 결심으로 그 아픈 가슴, 저린 뼈를 억제하여 왔던 것이다.

창 밖에 어둠은 깊고 식당차는 경쾌히 흔들렸다.

맥주와 생각에 취하였던 그는 그 옆 테이블에 진치고 앉은 두 사람의 새 손을 겨우 발견하였다. 매섭게 이 쪽을 노리는 눈, 낯익은 눈이다 —— 아까부터 그를 쫓는 무서운 눈이었다. 이 지긋지긋한 시골뜨기의 출현은 마치 위고의 자베르*의 출현과도 같이 청년을 위협하였다.

그래도 청년은 태연하고 침착을 잃지는 않았다. 그러나 그 자리에 오래 버티고 있는 것이 불리함을 깨달았을 때에 그는 소년을 이끌고 그 자리를 일어섰다.

불현듯이 그의 어깨를 탁 잡는 것이 있었다. 그리고 그의 앞을 탁 막는 것은 그 시골뜨기였다. 청년은 뭉클하였으나 자약하게 앞을 뿌리치고 나가려고 하였다. 그러나 그들은 청년의 팔을 붙잡았다.

'일은 일어나고야 말았구나.'

그는 펀뜻 느끼자 있는 대로의 용기와 힘을 다 내었다. 이렇게 된 이상 해 볼 대로는 해 봐야 할 것이다, 하고 이를 꽉 물었다. 그의 앞에는 벌써 아무것도 없었다. 힘차게 발을 뻗치고 쏜살같이 문께로 향하였다.

---

* **자베르** 프랑스의 소설가 위고가 쓴 〈레 미제라블〉에 등장하는 형사. 장 발장을 잡기 위해 끈질기게 쫓아다닌다.

그들도 부리나케 뒤를 쫓았다.

별안간 불이 탁 꺼지고 식당차는 암흑으로 변하였다.

영문을 모르는 소년은 한편 구석에서 숨을 죽이고 소스라쳤다.

캄캄한 어둠 속에서 살 부딪치는 소리가 났다. 넘어지는 소리가 났다. 옷 찢어지는 소리가 났다. 가쁜 숨소리가 들렸다. 비명이 올랐다. 탁자가 쓰러졌다. 병과 잔이 깨뜨려졌다. 산산이 부서지는 유리 조각이 어둠 속에 희끗희끗 날렸다. 다시 비명이 오르고 호각 소리가 울렸다.

열차는 자꾸 달렸다. 레일 위에 나는 바퀴 소리는 호각 소리를 집어 삼켜 버렸다.

돌연히! 차 안의 어둠을 뚫고 찰나의 불꽃이 번쩍였다. 창이 깨뜨려지고 유리 조각이 날았다. 화약 연기가 피어올랐다. 총성이 어둠 속에 진동하였다.

열차는 달리고 밤은 어두웠다.

두 번째 총성이 어둠을 깨뜨렸다.

사람의 비명이 오르고 자리에 쓰러지는 소리가 났다.

세 번째의 총성이·또다시 차 안에 진동치자 한편 구석에서 공포에 떨고 있던 소년은 문득 숨찬 청년의 목소리를 단 한 마디 귀 밑에 들었다.

"언제든지 또다시 만납시다!"

식당차의 문이 열리면서 날쌘 사람의 그림자가 밖으로 번개같이 사라져 버렸다. 폭풍우는 지나갔다. 어둠 속은 다시 고요하였다.

역시 한편 구석에 오므라져 있던 보이들은 무시무시 떨면서 서두르기 시작하였다. 스위치를 트니 차 안은 다시 밝아졌다. 지긋지긋한 수라장이었다. 쓰러진 탁자, 부서진 의자, 흩어진 유리 조각, 깨뜨려진 창, 찢어진 옷 조각, 바닥에는 피가 임리*하였고 그 속에 코를 박고 두

---

* 임리 피, 땀, 물 따위가 흥건하게 흐르거나 뚝뚝 떨어지는 모양.

사람의 사내가 끔찍하게 쓰러져 있었다. 그것이 청년이 아님을 알았을 때에 소년은 무서운 가운데에도 안심되었다. 그러나 대체 그는 어디로 갔나? 소년은 청년의 그림자를 찾아서 밖으로 나갔다.

열차 안은 요란하였다. 사람들은 이 무서운 사건에 전율하고 수군거렸다.

식당차는 발끈 뒤집혔다. 기수가 뛰어오고 차장이 달려왔다. 시골뜨기들이 몰려들고 보이들이 심문을 당하였다.

객차와 객차의 길은 끊기고 찻간이란 찻간은 물샐틈없이 수색되었다. 그러나 청년의 그림자는 꿩 궈먹은 자리요*, 그의 종적은 묘연하였다.

객차의 자리로 돌아와 밤 깊은 창 밖을 바라보는 소년의 가슴 속은 괴상한 청년의 생각으로 그득하였다. 그에게는 퍽도 친절하였다. 힘이 장사요 용기는 맹호 같았다.

이 괴상한 청년을 생각하는 소년에게는 문득 오랫동안 잊었던 그의 오빠의 생각이 떠올랐다. 그 역시 색다른 옷도 입고 급할 때에는 코밑에 수염도 붙여 보았다. 눈 날리는 북극에 가서 얼어도 보고 요란한 중국에 가서 연설도 하였다. 아라사도 갔었고 옥에도 가 보고 서울서 도망질도 쳐 보았다. 그러다가 지금에는 죽었는지 살았는지 여러 해 동안 자취가 아득하였다.

풍설에 의하면 브라질에 갔다는 말도 있고 혹은 인도에 갔다는 사람도 있고 다시 아라사에 갔다는 소문도 들렸다. 그러나 어느 말이 옳은지 하나도 걷잡을 수는 없었다. 그 오빠의 생각이 불현듯이 소년의 가슴에 떠올랐던 것이다. 그 오빠가 지금 고향에 있었더라면 자기의 이러한 비극도 일어나지는 않았을 것이다, 하고 생각할 때 소년의 눈은 뜨거워졌다.

---

* 꿩 구워 먹은 자리 어떤 일을 하고도 아무 흔적이 보이지 않음을 이르는 말.

그는 다시 오빠와 청년을 비교하여 보았다. 기상이라든지 용기라든지 그들은 어쩌면 그리도 똑같은가. 그 청년이 지금 나의 오빠라면 오죽이나 기쁠까. 그러나 그는 어디론지 사라져 버렸다. 늠름하고 훌륭한 그들이 왜 싸우고 피하고 쫓기고 사라지지 않으면 안 되는가? —— 어렸을 때에 이야기 잘 하던 오빠 밑에서 자라난 소년은 이제 와서 똑바로 그 무엇을 파악하였다.

기차는 여전히 달렸다.

차 안은 아직도 소란하고 수물거렸다. 시골뜨기들의 눈은 더한층 반짝였다.

그러나 그것이 소년에게는 한없이 어리석게 보였다. 지혜 있는 청년, 비호 같은 청년은 이미 감쪽같이 종적을 감춰 버린 뒤이다. 그는 지금에는 벌써 다른 곳에서 다른 길을 뚫고 나갈 것이다.

'아무쪼록 조심해 잘 나가세요.'

소년은 마음 속으로 청년의 앞길을 축복하여 주었다. 그리고 '언제든지 또다시 만납시다!' 하던 청년의 말소리를 생각한 그는

'그 동안에는 나도 배우고 알아서 다시 만날 때에는 그와 같이 손을 잡고 일할 만한 훌륭한 나의 자태를 보여 주자!'

하고 처녀답지 않은 용감스런 결심을 마음 속에 굳게 맺었다.

어둠을 뚫고 열차는 맥진하였다.

어둠의 거리는 각각으로 줄어 갔다.

밤은 어느덧 새벽을 바라보았다.

새 아침을 향하여 맹렬히 달리는 수레바퀴의 우렁찬 음향, 그것은 위대한 행진곡같이 소년의 핏속에 울려 왔다.

도시와 유령

어슴푸레한 저녁, 몇리를 걸어도 사람의 그림자 하나 찾아볼 수 없는 무인지경인 산골짝 비탈길, 여우의 밥이 다 되어 버린 해골덩이가 똘똘 구는 무덤 옆, 혹은 비가 축축이 뿌리는 버덩의 다 쓰러져 가는 물레방앗간, 또 혹은 몇백 년이나 묵은 듯한 우중충한 늪가!

거기에는 흔히 도깨비나 귀신이 나타난다 한다. 그럴 것이다. 고요하고, 축축하고, 우중충하고, 그리고 그것이 정칙일 것이다. 그러나 나는 아직도 그런 곳에서 그런 것을 본 적은 없다. 따라서 그런 것에 관하여서는 아무 지식도 가지지 못하였다. 하나 나는……자랑이 아니라…… 더 놀라운 유령을 보았다. 그리고 그것이 적어도 문명의 도시인 서울이니 놀라웁단 말이다. 나는 그래도 문명을 자랑하는 서울에서 유령을 목격하였다. 거짓말이라구? 아니다. 거짓말도 아니고 환영도 아니었다. 세상 사람이 말하여 '유령'이라는 것을 나는 이 두 눈을 가지고 확실히 보았다.

어떻든 길게 말할 것 없이 다음 이야기를 읽으면 알 것이다.

동대문 밖에 상업 학교가 가제될 무렵이었다. 나는 날마다 학교 집터에 미장이로 다니면서 일을 하였다. 남과 같이 버젓하게 일정한 노동을 못하고 밤낮 뜨내기 벌이꾼으로밖에는 돌아다니지 못하는 나에게는 그래도 몇 달 동안은 입에 풀칠을 할 수 있었다. 마는 과격한 노동이었다. 그러므로 하루라도 쉬어 본 일은커녕 한 번이라도 늦게 가 본 적도 없었다. 원수같이 지글지글 타내리는 여름 태양 아래에서 이른 아침부터 저녁때까지 감독의 말 한 마디 거슬리는 법 없이 고분고분히 일을 하였다. 체로 모래를 쳐라, 불 같은 태양 아래에 새까맣게 타는 석탄으로 '노리*'를 끓여라, 시멘트에다 모래를 섞어라, 그것을 노리로 반죽하여라 하여 쉴새없는 기계같이 휘돌아쳤다. 그 열매인지 선물인지는 알 수 없으나 우리들이 다지는 시멘트가 몇백 간의 벌집 같은 방으로 변하고 친구들의 쩽쩽 울리는 끌소리가 여러 층의 웅장한 건축으로 변함을 볼 때에 미상불* 우리의 위대한 힘을 또 한 번 자랑하지 않을 수 없었다. —— 어리석은 미련퉁이들이라…… (1행 생략) ……어떻든 콧구멍이 다 턱턱 막히는 시멘트 가루를 전신에 보얗게 뒤집어쓰고 매캐한 노린 냄새와 더구나 전신을 한바탕 쪽 씻어내리는 땀냄새를 맡으면서 온종일 들볶아치고 나면 저녁물에는 정말이지 전신이 나른하였다. 그래도 집안 식구들을 생각하고 끼니거리를 생각하면 마지막 힘이 났다. 일을 마치고 정신을 가다듬어가지고 일인 감독의 집으로 간다. 삯전을 얻어가지고 그 길로 바로 술집에 가서 한 잔 빨고 나면 그제야 겨우 제세상인 듯싶었던 것이다.

술! 사실 술처럼 고마운 것은 없었다. 버쩍버쩍 상하는 속, 말할 수 없는 피로를 잠시라도 잊게 하는 것은 그래도 술의 힘이었다.

---

* 가제(假製) 정식으로 만들기에 앞서 임시로 만듦.
* 노리 풀이나 접착제를 뜻하는 일본말.
* 미상불(未嘗不) 아닌게아니라. 과연.

그 날도 나는 술김에 얼근하였었다. 다른 때와 같이 역시 맨 꽁무니에 떨어진 김 서방과 나는 삯전을 받아들고 나서자마자 행길 옆 술집에서 만판 먹어 댔다.

술집을 나와 보니 벌써 밤은 꽤 저물었다. 잠을 자도 한잠 너그러지게 잤을 판이었다. 잠이라니 말이지 종일 피곤하였던 판에 주기조차 돌아놓으니 사실이지 글자대로 눈이 스르르 내리감겼다. 김 서방과 나는 즉시 잠자리로 향하였다.

잠자리라니 보들보들한 아름다운 계집이 기다리고 있는 분홍 모기장 속 두툼한 요 위인 줄은 알지 말아라. 그렇다고 어둠침침한 행랑방으로 알라는 것도 아니다. 비록 빈대에는 뜯길망정 어둠침침한 행랑방 하나 나에게는 없었다. 단지 내 몸뚱이 하나인 나는 서울 안을 못 돌아다닐 데 없이 돌아다니면서 노숙을 하였던 것이다(그래도 그것이 여름이었으니 말이지 겨울이었던들 꼼짝없이 얼어죽었을 것이다.). 따라서 세상에 못 볼 것을 다 보고 겪어 왔었다. 참말이지 별별 야릇하고 말 못할 일이 많았다. 여기에 쓰는 이야기 같은 것은 말하자면 그 중에서 가장 온당한 이야기의 하나에 지나지 못한다.

어떻든 김 서방 —— 도 이미 늦었으니 행랑 구석에 가서 빈대에게 뜯기는 것보다는 오히려 노숙하기를 좋아하였다 —— 과 나는 도수장 께를 지나서 동묘 앞까지 갔었다.

어느결엔지 가는 비가 보실보실 뿌리기 시작하였다. 축축한 어둠 속에 칙칙한 동묘가 그 윤곽을 감추고 있었다. 사방은 고요하였다.

"이놈들, 게 있거라!"

별안간에 땅에서 솟은 듯이 이런 음성이 들렸다. 나는 깜짝 놀라는 대신에 빙긋 웃었다.

"이래보여두 한여름 동안을 이런 데루 댕기면서 잠자는 놈이다. 그렇게 쉽게 놀래겠니."

하는 담찬 소리를 남겨놓고 동묘 대문께로 갔다. 예기한 바와 다름없이 거기에는 벌써 우리 따위의 친구들이 잠자리를 차지하고 있었다. 그래도 꽤 넓은 대문간이지만 그 속에 그득하게 고기새끼 모양으로 와르르 차 있었다. 이리로 눕고 저리로 눕고 허리를 베이고 발치에 코를 박고 드르렁드르렁 코를 골고,

"이놈들, 게 있거라!"

"아이그 그년……."

"이런 경칠 자식 보게."

엎치락뒤치락 연해연방 잠꼬대 소리가 뒤를 이었다. 그러면 이쪽에서는,

"술맛 좋다!"

하고 입맛을 쩝쩝 다시는 사람도 있었다. 그바람에 나도 끌려서 어느결에 쩝쩝 다시려던 입을 꾹 다물어 버리고 나는 어이가 없어 웃으면서 김 서방을 둘러보았다.

"어떡할려나?"

"가세!"

"가다니?"

"아 아무데래두 가 자야지."

김 서방 역시 웃으면서 두 손으로 졸린 눈을 비볐다.

"이 세상에선 빠른 게 첫째야. 이 잠자리두 이젠 세가 나네그려. 허허허."

하면서 발꿈치를 돌리려 할 때이다. 나는 으레 닫혀 있어야 할 동묘 안으로 통한 문이 어쩐 일인지 반쯤 열려 있는 것을 발견하였다. 나는 앞선 김 서방의 어깨를 탁 쳤다.

"여보게, 저리로 들어가세."

"어데루 말인가?"

김 서방은 시원치 않은 듯이 역시 눈만 비볐다.

"저 안으로 말야. 지금 가면 어델 간단 말인가. 아무데래두 쓰러져 한 잠 자면 됐지."

"그래두."

"머, 고지기*한테 들킬까 봐 말인가? 상관있나. 그까짓 거 낼 식전에 일찍이 달아나면 그만이지."

그래도 시원치 않은 듯이 머리를 긁는 김 서방의 등을 밀치면서 나는 안으로 들어갔다. 중문턱까지 들어서니 더한층 고요하였다. 여러 해 동안 버려 두었던 빈 집터같이 어둠 속으로 보아도 길이 넘는 잡풀이 숲 속같이 우거져 있고 낮에 보아도 칙칙한 단청이 어둠에 물들어 더한층 우중충하고 게다가 비에 젖어서 말할 수 없이 구중중한 느낌을 주었다. 똑바로 말이지 청 안에 안치한 그림 속에서 무서운 장사가 뛰어내닫지나 않을까 하고 생각할 때에 머리끝이 쭈뼛하여지는 것을 어찌할 수 없었다.

거진 옷을 적실 만하게 된 빗발을 피하여 앞뜰을 지나 넓은 처마 밑에 이르렀다. 그 자리에 그대로 폭 주저앉아 겨우 안심한 듯이 숨을 내쉬었다.

그 때이었다.

"에그 저게 뭔가 이 사람!"

김 서방은 선뜻 나의 팔을 꽉 잡았다. 그의 가리키는 곳에 시선을 옮긴 나는 새삼스럽게 놀라지 않을 수 없었다. 별안간에 소름이 쪽 돋고 머리끝이 또다시 쭈뼛하였다. 불과 몇 간 안 되는 건너편 정전* 옆에! 두어 개의 불덩어리가 번쩍번쩍하였다.

＊ 고(庫)지기　관아의 창고를 보살피고 지키던 사람, 또는 일정한 건물이나 물품 따위를 지키고 감시하던 사람.

＊ 정전(正殿)　임금이 나와서 조회(아침 인사)를 하던 궁전.

정신의 탓이었던지 파랗게 보이는 불덩이가 땅을 휘휘 기다가는 훌쩍 날고 날다가는 꺼져 버렸다. 어디선지 또 생겨서는 또 날다가 또 꺼졌다.

무섬 잘 타기로 유명한 왕눈이 김 서방은 숨을 죽이고 살려 달라는 듯이 나에게로 바짝 붙었다.

"하하하하……."

나는 모든것을 다 이해하였다는 듯이 활연히 웃고 땀을 빠지지 흘리고 있는 김 서방을 보았다.

"미쳤나 이사람!"

오히려 화가 버럭 난 김 서방은 말끝도 채 못 마쳤다.

"하하하 속았네, 속았어."

"……."

"속았어, 개똥불*을 보고 속았단 말야. 하하하."

"머 개똥불?"

김 서방은 그래도 못 미덥다는 듯이 그 큰 눈을 아직도 휘둥그렇게 뜨고 있었다.

"그래 개똥불야. 이거 볼려나?"

하고 나는 손에 잡히는 작은 돌멩이를 하나 집어들었다. 그리고 두어 걸음 저벅저벅 뜰 앞까지 나가서 역시 반짝거리는 개똥불을 겨누고 돌을 던졌다.

하나 나는 짜장 놀랐다. 돌을 던지면 헤어져야 할 개똥불이 헤어지긴커녕 요번에는 도리어 한 군데 모여서 움직이지도

*개똥불 '반딧불' 혹은 '반딧불이'를 일컫는 사투리. 반딧불이는 배 끝에 빛을 발하는 발광기를 가지고 있어 여름 밤에 반짝거리면서 날아다니는 곤충이다. '개똥벌레' 라고도 불리며, 애벌레는 맑은 물에 살면서 민물의 다슬기 등을 잡아먹는다.

반딧불이

않고 그 무슨 정세를 살피는 듯이 고요히 이 쪽을 노리고 있지 않은가!

나는 또 숨을 죽이고 그 곳을 들여다보았다. 오…… 그 때에 나는 더 놀라운 것을 발견하였다. 꺼졌다 또 생긴 불에 비쳐 협수룩한 산발과 똑똑지 못한 희끄무레한 자태가 완연히 드러났다. 그제야 '훙 훙' 하는 후렴 없는 신음 소리조차 들려오는 줄을 알았다.

"에그머니!"

나는 순식간에 달팽이같이 오무라졌다. 그리고 또 부끄러운 말이지만 겨우 정신을 차렸을 때에 나는 동묘 밖 버드나무 밑에 쓰러져 있는 내 자신을 발견하였었다. 사실 꿈에서나 깨어난 듯하였다. 곁에는 보나 안 보나 파랗게 질린 김 서방이 신장대 모양으로 벌벌 떨고 있었다.

밤이 이슥하였는데 집으로 돌아가기도 무엇 하니 나머지 밤을 동대문께 가서 새우자고 김 서방이 제언하였다.

비는 여전히 뿌리고 있었다. 뒤에서 무어가 쫓아오는 듯하여 연해연방 뒤를 돌려보면서 큰 행길에 나섰을 때에는 파출소 붉은 전등만 보아도 산 듯싶었다.

허둥지둥 동대문 담 옆까지 갔었다.

고요한 담 밑에는 아무것도 없었다. 모든 것을 집어삼킨 캄캄한 어둠 밖에는, 물론 파란 도깨비불도 없다.

"애초에 이리로 왔더라면 아무일두 없었을걸."

후회 비슷하게 탄식하고 어디가 어디인지 분간할 수 없어서

"에라 아무데나."

하고 그 자리에 폭 주저앉았다. 하자, ……나는 놀라기 전에 간이 싸늘해졌다. 도톨도톨한 조약돌이나 그렇지 않으면 축축한 흙이 깔려 있어야만 할 엉덩이 밑에 ……하나님 맙소서!……나는 부드럽고도 물큰한 촉감을 받았다.

뿐이 아니다. 버들껑하는 동작과 함께 날카로운 소리가 독살스런 땡

삐같이 나의 귀를 툭 쏘았다.

"어떤 놈야 이게!"

나는 고무공같이 벌떡 뛰었다. 그리고는 쏜살같이 —— 그 꼴이야말로 필연코 미친놈 모양이었을 것이다 —— 줄행랑을 놓았다.

김 서방도 내 뒤에서 헐레벌떡거렸다.

"제발 사람을 죽이지 마라."

김 서방은 거의 울음겨운 목소리로 부르짖었다.

"이놈의 서울이 사람 사는 곳이 아니구 도깨비굴이었든가."

나 역시 나중에는 맡길 데 없는 분기가 솟아올랐다.

그러나 또 한편으로는 한없이 어리석고 못생긴 우리의 꼴들을 비웃고도 싶었다. 잘 알지는 못하지만 세상에 원 도깨비나 귀신치고 몸뚱어리가 보들보들하고 물큰물큰하고 —— 아니 그건 그렇다고 해 두더래도

"어떤 놈야 이게!"

하고 땡삐소리를 치다니 그게 원…… 하고 의심하여 볼 때에는 더구나 단단치 못하게 겁을 집어먹은 것이 짝없이 어리석게 생각되었다. 그렇다고 그 자리에서 또 발을 돌려 그 정체를 탐지하러 갈 용기가 있었느냐 하면 그렇지도 못하였다.

하는 수 없이 보슬비를 맞으면서 수구문* 밖 김 서방네 행랑방까지 가지 않으면 안 되었다. 가뜩이나 덕실덕실 끓는 식구 틈에 끼어서 하룻밤의 폐를 끼쳤다고 하여도 불과 두어 시간의 폐일 것이다. 막 한잠 자려고 드러누웠을 때에는 벌써 날이 훤히 새었었으니까.

이렇게 하여 나는 원 무엇이 씌었던지 하룻밤에 두 번씩이나 도깨비인지 귀신한테 혼이 났다. 사실 몇 해 수는 감하였을 것이다. 그러나

*수구문(水口門) 서울의 사소문(四小門)의 하나인 광희문을 달리 이르는 말.

대체 누구를 원망하면 좋았으리요? 술 먹고 늑장을 댄 내 자신일까, 노숙하지 않으면 아니된 나의 운명일까, 혹은 도깨비나 귀신 그것일까, 그렇지 않으면 그 외의 무엇일까…… 나는 이제야 겨우 이 중의 어느 것을 원망하는 것이 마땅하다는 것을 똑똑히 깨달았다.

어떻든 유령 이야기는 이만이다. 하나 참 이야기는 이로부터다.

잠 못 자 곤한 것도 무릅쓰고 나는 열심으로 일을 하였다. 비는 어느 결에 개어 버렸던지 또 푹푹 내리찌는 태양 아래에서 시멘트 가루를 보얗게 뒤집어쓰고 줄줄 흐르는 땀에 젖어가면서.

그러는 동안에도 나는 전날 밤에 당한 무서운 경험을 머릿속으로 되풀이하여 보지 않을 수 없었다. 도깨비면 도깨빈가 보다 하고만 생각하여 두면 그만이었지마는 그래도 그것을 그렇게 단순하게 씩 닦아 버릴 수는 없었다.

'대체 원 도깨비가…….'

하고 요리조리로 무한히 생각하였다. 하나 아무리 생각한다 하더라도 결국 나에게는 풀지 못할 수수께끼에 지나지 못하였다.

하는 수 없이 나는 점심 시간을 타서 친구들에게 그 이야기를 하였다. 모두들 적지 않은 흥미를 가지고 들었다.

"머 도깨비?"

이층 꼭대기에 시멘트를 갖다 주고 내려온 맹꽁이 유 서방은 등에 메었던 통을 내려놓기도 전에 눈을 휘둥그렇게 떴다.

"내가 있었더라면 그까짓 걸 그저……."

벤또를 박박 긁던 덜렁이 최 서방은 이렇게 뽐냈다.

그러나 가장 침착하게 담배를 푹푹 피우던 대머리 박 서방만은 그다지 신통치 않은 듯이,

"그래 그것한테 그렇게 혼이 났단 말인가…… 딴은 왕눈이 따위니까."

하면서 밉지 않게 싱글싱글 웃으면서 김 서방과 나를 등분으로 건너보았다. 그리고,

"도깨비 도깨비해두 나같이 밤마다야 보겠나."

하고 빨던 담배를 툭툭 털더니 이야기를 꺼냈다.

"바로 우리 집 옆에 빈 집이 하나 있네. 지금 있는 행랑에 든 지가 몇 달 안 되어 모르긴 모르겠으나 어떻게 된 놈의 집이 원 사람이 들었던 집인지 안 들었던 집인지 벽은 다 떨어지구 문짝 하나 없단 말야. 그런데 그 빈 집에 말일세."

여기서 박 서방은 소리를 한층 높였다.

"저녁을 먹구 인제 골목쟁이를 거닐지 않겠나. 그러면 그 때일세. 별안간 고요하던 빈 집에 불이 하나씩 둘씩 꺼졌다 켜졌다 하겠지. 그것이 진 서방(나를 가리켜 하는 말이다.) 말마따나 무엇을 찾는 듯이 슬슬 기다는 꺼지고 꺼졌단 또 생긴단 말야. 그런데 그런 불이 차차 늘어가겠지. 그리곤 무언지 지껄지껄하는 소리가 나자 한쪽에서는 돈을 세는지 은방망이로 장난을 하는지 절걱절걱하다간 또 무엇을 먹는지 쭉쭉 하는 소리까지 들리데. 그나 그뿐인가. 어떤 날은 저희끼리 싸움을 하는지 씨름을 하는지 후당탕하면서 욕지거리, 웃음소리 참 야단이지. 그러다가두 밤중만 되면 고요해지지만 그 때면 또 별 괴괴망칙한 소리가 다 들려오데."

박 서방은 여기서 말을 문득 끊더니,

"어때 재미들 있나?"

하고 좌중을 둘러보면서 싱글싱글 웃었다.

"정말유 그게?"

웅크리고 앉았던 덜렁이 최 서방은 겨우 숨을 크게 쉬면서 눈을 까불까불하였다.

"그럼 정말 아니구 내가 그래 자네들을 데리구 실없는 소리를 하겠

나."

하면서 박 서방은 말을 이었다.

"하나 너무 속지들은 말게. 그런 도깨비는 비단 그 빈 집에나 진 서방들 혼난 데만 있는 것이 아닐세. 위선 밤에 동관이나 혹은 종묘께만 가보게. 시글시글할 테니."

나의 도깨비 이야기를 하여 의심을 풀려던 나는 박 서방의 도깨비 이야기로 하여 그 의심을 더한층 높였을 따름이었다. 더구나 뼈있는 그의 말과 뜻있는 듯한 그의 웃음은 더한층 알지 못할 수수께끼였다.

"그럼 대체 그 도깨비가 무엇이란 말유?"

"내가 이 자리에서 길다케 말할 것 없이 자네가 오늘 저녁에 또 한 번 가서 찬찬히 살펴보게. 그러면 모든 것이 얼음장같이……."

할 때에 박 서방의 곁에 시커먼 것이 나타났다.

"무슨 얘기했소?"

일인 감독의 일할 시간이 왔다는 것을 고하는 듯한 소리였다.

"오소 오소 일이 해야지."

모두들 툭툭 털고 일어났다.

나도 하는 수 없이 박 서방에게 더 캐묻지도 못하고 자리를 일어나서 나 맡은 일터로 갔다.

그 날 저녁이다.

결국 나는 또 한 번 거기를 가 보기로 작정하였다. 물론 김 서방은 뺑소니를 치고 나 혼자다. 뻔히 도깨비가 있는 줄 알면서 또 가기는 사실 속이 켱겼다. 하나 또 모든 의심을 풀어 버리고 그 진상을 알려 하는 나의 욕망은 그보다 컸지 컸지 적지는 않았다. 나는 장차 닥쳐올 모험에 가슴을 벌떡이면서 발에다 용기를 주었다.

"그까짓 거 여차직하면 이걸로."

하고 손에 든 몽둥이 —— 나는 만일의 경우를 염려하여 몽둥이 하나를 준비하였던 것이다 —— 번쩍 들 때에 나는 저절로 흘러나오는 미소를 금할 수 없었다. 도깨비를 정복하러 가는 유령 장군같이도 생각되어서 사실 한다 하는 ×자 놈들이면 몰라도 무엇을 못 먹겠다고 하필 가난뱅이 노숙자들을 못살게 굴고 위협과 불안을 주는 유령을 정복하여 버리겠다는 것은 사실 뜻있고도 용맹스런 사업일 것이다고 나는 생각하였다.

어떻든 장차 닥쳐올 모험에 가슴을 벌떡이면서 발에다 용기를 주었다.

어두워 가는 황혼 속에 음침한 동묘는 여전히 우중충하였다.

좀 이르다고 생각하였으나 나오기를 기다리면 되지 하고 제멋대로 후둑후둑 뛰는 가슴을 가라앉히고 아직도 열려 있는 대문을 서슴지 않고 들어섰다.

중문을 들어서 정전 앞으로 몇 발짝 걸어갔을 때이다.

전날 밤에 나타났던 정전 옆 바로 그 자리에 헙수룩하게 산발한 두 개의 그림자가 있었다. 그러나 나는 벌써 어리석은 전날 밤의 나는 아니었다.

"원 요런 놈의 도깨비가……."

몽둥이를 번쩍 들고 사실 장군다운 담을 가지고 나는 그 자리까지 달려갔다. 하나!

나의 손에서는 만신의 힘이 맺혔던 몽둥이가 힘없이 굴러떨어졌다. 유령 장군이 금시에 미치광이 광대새끼로 변하여 버렸던 것이다.

"원 이런 놈의……."

틀림없던 도깨비가 순식간에 두 모자의 거지로 변하다니! 이런 기막힌 일이 어디 있단 말인가.

다음 순간 그 무엇을 번쩍 돌려 생각한 나는 또다시 몽둥이를 번쩍 들었다.

"요게 정말 도깨비 장난이란 거야."

하나 도깨비란 소리에 영문을 모르는 두 모자는 손을 모으고 썩썩 빌었다.

"아이구 왜 이럽니까?"

이건 틀림없는 사람의 목소리였다.

"나가라면 그저 나가라든지 그래 이 병신을 죽이시렵니까. 감히 못들어올 텐 줄은 알면서도 할 수 없이……."

눈물겨운 목소리로 이렇게 사죄를 하면서 여인네는 일어나려고 무한히 애를 썼다. 어린애는 울면서 그를 붙들었다.

역시 광대에 지나지 못한 나는 너무나 경솔한 나의 행동을 꾸짖고 겨우 입을 열었다.

"아니우 앉아 계시우. 나는 고지기두 아무것두 아니니."

"네?"

모자는 안심한 듯한 동시에 감사에 넘치는 눈으로 나를 치어다보았다.

"어젯밤에 여기에 아무것도 나오지 않았수?"

무어가 무언지 분간할 수 없는 나는 이렇게 물었다.

"네? 나오다니요? 아무것도 나오지는 않았습니다. 그리구 단지 우리 모자밖에는 여기 아무것두 없었습니다."

여인네는 어시무사하여서 이렇게 대답하였다.

"그럼 대체 그 불은?"

나는 그래도 속으로 의심하면서 주위로 눈을 휘둘렀다.

"무슨 일이나 생겼습니까? 정말 저희들밖에는 아무것두 없었습니다. 그리구 저희는 저지른 것두 없습니다. 밤중은 돼서 다리가 하두 아프길래 약을 바르려고 찾으니 생전 있어야지유. 그래 그것을 찾느라구 성냥 한 갑을 다 거어 내버린 일밖에는 아무것도 없었습니다."

하고 여인네는 한쪽 다리를 훌떡 걷었다. 그리고 눈물이 그 다리 위에 뚝뚝 떨어지기 시작하였다.

나는 모든 것을 얼음장 풀리듯이 해득하기는 하였으나 여기서 또한 참혹한 그림을 보지 않으면 안 되었다. 그의 훌떡 걷은 한편 다리! 그야말로 눈으로는 차마 보지 못할 것이었다. 발목은 끊어져 달아나고 장딴지는 나뭇개비같이 마르고 채 아물지 않은 자리가 시퍼렇게 질려 있었다.

"그놈의 원수의 자동차…… 그나마 얻어먹지도 못하게 이렇게 병신을 맨들어 놓고……."

여인네는 울음에 젖기 시작하였다.

"자동차에요?"

"네, 공원 앞에서 그놈의 자동차에……."

나는 문득 어슴푸레한 나의 기억의 한 귀퉁이를 번개같이 되풀이하였다.

달포 전,

어느 날 밤이었다.

그 날도 나는 이유 없이 —— 가 아니라 바로 말하면 바람 쏘이러 —— 밤 장안을 헤매고 있었다. 장안의 여름밤은 아름다웠다.

낮 동안에 이글이글 타는 해에 익은 몸뚱어리에 여름밤은 둘 없이 고마운 선물이었다. 여름의 장안 백성들에게는 욱신욱신한 거리를 고무풍선같이 떠다니는 파라솔이 있고, 땀을 들여주는 선풍기가 있고, 타는 목을 식혀 주는 맥주 거품이 있고, 은접시에 담긴 아이스크림이 있다. 그리고 또 산 차고 물 맑은 피서지 삼방이 있고, 석왕사가 있고, 인천이 있고, 원산이 있다. 그러나 그런 것은 꿈에도 못 보는 나에게는 머루알 빛 같은 밤하늘만 치어다보아도 차디찬 얼음 냄새가 흘러오는 듯하였다. 이것만 하더라도 밤 장안을 헤매이는 것은 무의미한 일은 아니었다. 게다가 무엇보다도 거리 위에 낮거미새끼같이 흩어진 계집의 얼굴―― 은 새려(커녕) 분 냄새만 맡을 수 있는 것만 하여도 사실 밤 장안을 헤매이는 값은 훌륭히 될 것이었다.

그러나 장안의 여름밤을 아름다운 꿈으로만 생각하는 것은 큰 실수이다. 거기에는 생활의 무거운 짐이 있다. 잔칫집 마당같이 들볶아치는 야시에는 하루면 스물네 시간의 끊임없는 생활의 지긋지긋한 그림이 벌려져 있었다. 거기에는 낮과 다름없이 역시 부르짖음이 있고 싸움이 있고 땀이 있었다.

그러나 아무튼지간에 가슴을 씻어주는 시원한 맛은 싫은 것은 아니었다. 여름밤은 아름다웠다. 그런고로 나는 공원 앞 큰 행길 옆에 사람이 파도를 일으키면서 요란히 수물거리는 것은 구태여 볼것없이 술김에 얼근한 주객이나 그렇지 않으면 야시의 음악가 깡깡이 타는 친구를 둘러싸고 있는 것이려니 생각하고,

"흥 여름밤이니까!"

혼자 중얼거리면서 무심코 그 곳을 지나려 하였다.

그러나 사람들의 수물거리는 품이 주정꾼이나 혹은 깡깡이꾼의 경우와는 달랐다.

그리고 무엇보다도,

노자 노자
젊어 노자
먹구 마시구
만판 노자

하는 주객의 노래는 안 들렸다. 그렇다고 밤 사람을 취하게 하는 '아름

다운' 깽깽이 노래도 들려오지는 않았다.

'그러문 대체……'

나의 발길은 부지중에 그리로 향하였다.

"머? 겨우 요술꾼 약장수야!"

나는 거의 실망에 가까운 어조로 이렇게 중얼거리고 대수롭지 않은 듯이 발길을 돌이키려 할 때이다. 사람들의 수물거리는 틈으로 나는 무서운 것을 보았다.

군중의 숲에 싸여서 안 보이는 한 채의 자동차와 그 밑에 깔린 여인네 하나를 보았다. 바퀴 밑에는 선혈이 임리하고 그 옆에는 거지아이 하나가 목을 놓고 울면서 쓰러져 있었다.

'자동차 안에는.' 하고 보니 아니나다를까 불량배와 기생년들이 그득하였다.

'오라질 년놈들!'

'자동찰 타니 신이 나서 사람까지 치니?'

'원 끔찍두 해라.'

이런 말 마디를 주우면서 나는 어느결에 그 자리를 밀려져 나왔었다.

"그래 당신이 그……"

나는 되풀이하던 기억의 끝을 문득 돌려 이렇게 물었다.

"네 그렇답니다. 달포 전에 그 원수의 자동차에 치어 가지구 병원엔지 무엔지를 끌구 가니 생전 저 어린것이 보구 싶어 견딜 수 있어야지유. 그래 한 달두 채 못 돼 도루 나오지 않았어요. 그랬더니 이놈의 다리가 또 아프기 시작해서 배길 수 있어야지유. 다리만 성하문야 그래두 돌아댕기면서 얻어먹을 수는 있지만……"

여인네는 차마 더 볼 수 없는 다리를 두 손으로 만지면서 울음을 느꼈다.

나는 그의 과거를 더 캐물으려고도 하지 않았다. 아니 묻지 않아도 그의 대답은 뻔한 것이었다.

"집이 원래 가난했습니다. 그런데다가 남편이 죽구 나니……."

비록 이런 대답은 안할지라도 그 운명이 운명이지 무슨 더 행복스런 과거를 찾아낼 수 있었으리요.

나의 눈에는 어느결엔지 눈물이 그득히 고였었다. '동정은 우월감의 반쪽'일는지 아닐는지는 모른다. 하나 나는 나도 모르는 동안에 주머니 속에 든 대로의 돈을 모두 움켜서 뚝 떨어지는 눈물과 같이 그의 손에 쥐어 주었다. 그리고는 아무 말 없이 부리나케 그 자리를 뛰어나왔었다.

이야기는 이만이다.

독자여, 이만하면 유령의 정체를 똑똑히 알았겠지. 사실 나도 이제는 동대문이나 동관이나 종묘나 또 박 서방 말한 빈 집 터에 더 가 볼 것 없이 박 서방의 뼈있는 말과 뜻있는 웃음을 명백히 이해하였다.

그리고 나는 모두 나와 같은 운명을 가진 애매한 친구들을 유령으로 생각하고 어리석게 군 나를 실컷 웃어도 보고 뉘우쳐 보기도 하였다.

독자여, 뭐? 그래도 유령이라고? 그래 그럼 유령이라고 해 두자. 그렇게 말하면 사실 유령일 것이다. 살기는 살았어도 기실 죽어 있는 셈이니!

어떻든 유령이라고 해 두고 독자여, 생각하여 보아라. 이 서울 안에 그런 유령이 얼마나 많이 늘어가는가를!

늘어간다고 하면 말이다. 또 되풀이하는 것 같지만 첫 페이지로 돌아가서……

어슴푸레한 저녁, 몇 리를 걸어도 사람의 그림자 하나 찾아볼 수 없는 무인지경인 산골짝 비탈길, 여우의 밥이 다 되어 버린 해골덩이가 똘똘 구는 무덤 옆, 혹은 비가 축축이 뿌리는 버덩의 다 쓰러져 가는 물레방앗간, 또 혹은 몇백 년이나 묵은 듯한 우중충한 늪가!

거기에 흔히 나타나는 유령이 적어도 문명의 도시인 서울에 오히려 꺼림없이 나타나고 또 서울이 나날이 커가고 번창하여 가면 갈수록 유령도 거기에 정비례하여 점점 늘어가니 이게 무슨 뼈저린 현상이냐! 그리고 그 얼마나 비논리적 마술적 알지 못할 사실이냐! 맹랑하고도 기막힌 일이다. 두말할 것 없이 이런 비논리적 유령은 결코 있어서는 안 될 것이다.

그러면 어떻게 하면 이 유령을 늘어가지 못하게 하고 아니 근본적으로 생기지 못하게 할 것인가?

현명한 독자여! 무엇을 주저하는가. 이 중하고도 큰 문제는 독자의 자각과 지혜와 힘을 기다리고 있지 않은가!

일요일

잡지사에서 부탁 온 지 두 달이 되는 소설 원고를 마지막 기일이 한 주일이나 넘은 그 날에야 겨우 끝마쳐 가지고 준보는 집을 나왔다. 칠십 매를 쓰기에 근 열흘이 걸렸다. 그의 집필의 속력으로는 빠른 편도 느린 편도 아니었으나 전날 밤은 자정이 넘도록 책상 앞에 앉았었고, 그 날은 새벽부터 오정 때까지 꼬바기 원고지와 마주 대하고 앉아서야 이루어진 성과였다. 그런 노력의 뒷마침이라 두툼한 원고를 들고 오후는 되어서 집을 나설 때 미상불 만족과 기쁨이 가슴에 넘쳤다. 손수 그 것을 가지고 우편국으로 향하게 된 것도 시각을 다투는 편집자의 초려*를 생각하는 한편, 그런 만족감에서 온 것이었다. 더욱이 그 날은 일요일이다. 일요일의 한가한 오후를 거리에서 지내고 싶은 생각도 없지 않았던 것이다.

십일월이 마지막 가는 날이언만 날씨는 푸근해서 외투가 휘답답할

＊ 초려(焦慮) 애를 태우며 하는 생각. 초사.

지경이었다. 땅은 질고 전차는 만원이다. 시민들은 언제나 일요일의 가치를 잊지들은 않는다. 평일을 바쁘게 지냈든, 놀면서 지냈든, 일요일에는 일요일대로의 휴양의 습관을 가짐이 시민 생활의 특권이라는 듯도 하다. 치장들도 하고 어딘지 없이 즐거운 표정들로 각각 마음먹은 방향으로 향한다. 전차 속의 공기가 불결하고 포도 위의 군중이 답답하다고 해도 그것은 아무의 허물도 아닌 것이다. 준보는 관대한 심정으로 찻속 한구석에서 원고를 펴들고 있었다. 붓을 떼자마자 가지고 나온 까닭에 추고는커녕 다시 읽어 보지도 못했던 것이다. 촉박한 시간의 탓으로 까다로운 그의 성미로서는 어쩌는 수 없는 노릇이었다. 체면 불구하고 한 손에 붓을 쥔 채 더듬어 내려썼다.

연애의 일건을 적은 소설이었다. 두 사람의 연애에 대해 세상이 얼마나 무지하고 부질없는 번설을 일삼았던가, 그런 상식과 악의에 대한 항의, 사랑의 자유의지의 옹호 —— 그것이 이야기의 테마였다. 어지러운 소문과 비방에도 불구하고 두 사람의 뜻은 더욱 굳어 가서 드디어 결혼을 결의하게 되었다는 것, 여주인공이 잠시 여행을 떠나게 되었을 때 마치 육체의 일부분을 베어나 내는 듯 남주인공의 마음은 피가 돋아날 지경으로 아팠다는 것을 장식 없이 순박하게 기록한 한 편이었다. 세상에 사랑을 표현하는 맘은 천 마디 만 마디 되고, 준보는 기왕에 사랑의 소설을 많이 써 왔지만 그 한 편같이 진실한 것은 드물었다고 스스로 생각했다. 그런 문학적인 자신이 그 날의 만족을 한 겹 더해 준 것도 사실이었다.

국에서 서류 우편으로 원고를 부치고 나니 무거운 짐이나 내려놓은 듯 마음은 상쾌하다. 다음 일이 생길 때까지 당분간 편하게 쉬고 조바심을 안 해도 좋다는 기대가 한꺼번에 마음을 풀어 준 것이다. 가벼운 마음에 거리는 어느 때보다도 즐거운 것으로 보인다. 땅 위에 벌어진 잔치다. 그 어디서인지 횃불이 타오르고 웃음소리가 터져오르는 것이

들리는 듯도 하다.

혼잡한 네거리의 표정은 화려하고 야단스럽다. 잔치에 초대를 받은 사람들은 감정을 치장하고 그 분위기에 맞추어 걸음도 가볍다. 오늘 이 지구의 제전에 먼 하늘에서는 축하의 사절을 보내렴인지 구름 사이로 푸르게 개인 얼굴을 빼꼼이 기웃거리고 있다. 준보도 초대객의 한 사람인 양 밝은 표정으로 사람들 속에 휩쓸린다. 사랑의 소설을 쓰고 사람들의 감정을 헤아릴 수 있는 그야말로 누구보다도 가장 즐거운 한 사람일지 모른다. 사람들의 그 기쁨의 비밀의 열쇠나 잡은 듯이 자랑스런 표정이었다.

꽃가게에는 온실에서 베어 온 시절의 꽃들 —— 카네이션, 튤립, 난초, 금잔화의 묶음과 동백꽃의 아람이 봄같이 피어 있다. 꽃묶음은 그대로 일요일의 상징이다. 꽃가게는 잔칫날 만국기를 단 장식장이다.

영화관은 사람들의 인기를 끌어 잔치마당의 특별관이라고 할까. 그 훈훈하고 어두운 굴 속은 꿈을 배는 보금자리다. 현실과 꿈의 야릇한 국경선을 헤매면서 사람들은 벌겋게 상기되어 문을 밀치고 드나든다.

이 날 유난히도 복작거리는 백화점은 여흥*의 추첨장이라고 함이 옳을 듯싶다. 여자들의 인기를 독점한 듯 치장한 그들의 뿜는 향기가 가게 안에 욱욱히 넘친다. 준보에게는 그들이 모두 아름답고 신선해 보인다. 세상 인류의 반을 차지하고 있는 이 반쪽들은 남은 반쪽들의 한평생의 가장 큰 희망의 대상으로 조물주가 작정해 놓은 모양이다. 희망과 포부와 야심과 광명의 근원을 이 반쪽에게서 찾도록 마련해 놓은 듯하고. 각각 한 사람씩을 잡아서 그 작정된 반쪽들을 서로 찾아 내면 그만인 것이나, 그릇된 숙명의 희롱으로 말미암아 간간이 비극이 꾸며지곤 한다. 준보가 아내를 잃은 지 이미 일 년이 된다. 어쩌다 이 비극의 제

---

* **여흥(餘興)** ① 놀이 끝에 남아 있는 흥. ② 어떤 모임이나 연회 따위에서, 흥을 돋우기 위하여 곁들이는 연예나 장기 자랑 따위.

비를 뽑게 된 그에게는 일시 세상에서 태양이 없어져 버린 듯 온실의 보일러가 꺼져 버린 듯 커다란 고독과 적막이 엄습해 왔었다. 그러나 사람은 비극으로 말미암아 자멸되지 않으려면 그것을 정복하는 수밖에는 없다. 각각 반쪽을 찾아 내는 술래잡기에서 상대자를 잘못 잡아서 생긴 비극이라면 필연코 예정된 배필은 또 달리 있을 것이 아닐까.

그 예정된 판도라를 마음 속에 그리면서 두 눈을 싸맨 채 한정 없는 인생의 술래잡기를 계속하는 수밖에는 없었다. 아내를 동반했을 때에는 거리의 여자들이 거의 무의미한 것으로 대수롭지 않게 보이던 준보연만 이제 외로운 눈에 그들은 새로운 뜻을 가지고 등장하는 것이었다. 인간 생활의 마지막의 성스러운 표지를 한몸에 감춘 듯이 보이는 화려한 그들 앞에서 자랑스럽고 교만하던 준보도 초라하고 시산한 심정을 어찌는 수 없었다. 다구지게 마음을 벋디려 보아야 흡사 꽃밭에 선 거지와도 같아서 한몸의 외로움이 돌려다보일 뿐이다. 백화점은 꽃밭이었다. 준보는 욱욱한 파도 속에서 몸을 헤어 내면서 전신의 감각과 감정을 한때 찬란하게 장식해 보는 것이었다.

이 카니발의 자극에서 벗어나서 준보는 찻집에서 피난처를 발견한다. 조용한 가게 안은 잔칫날의 사교실이다. 웅성웅성하는 말소리와 놀 같은 담배 연기에 섞여 야트막한 실내악이 방 안의 분위기에다 독특한 한 가지의 성격을 준다. 그 성격 속에 화해 들어가는 동안에 준보는 차차 꽃다발같이 열렸던 관능의 문이 조개같이 옴츠러 들어가고 그 대신 정신의 문이 열리기 시작함을 느낀다. 음악은 정신의 문을 열어 주는 신기한 요술쟁이다. 마음 속에 조금은 우주의 신비를 자유자재로 계시해 보이는 기막힌 요술쟁이다. 땅 위의 생활에서 판도라의 다음 가는 행복은 음악이라고 준보는 생각한다. 모차르트와 베토벤의 천재는 바로 조물주의 천재의 버금가는 것이다. 음악은 참으로 잔칫날의 반주로 는 행복되고 즐거운 것이다.

잔칫상의 초대를 준보는 가장 점잖은 자리로 받아야 한다. 호텔로 전화를 걸어 시가의 준비를 분부해 놓고 찻집에서 아무나 자리에 마주앉을 동무 한 사람을 잡아 내면 그만이었다.

"자네 무얼 제일 진미로 생각하나?"

"무엇일꾸, 제일 먹구 싶은 것, 오래간만에 —— 빠터 그래 빠터나 먹었으면 하네. 가짜 말구 진짜 말야. 모두가 가짜의 세상이니 원."

"진짜 빠터를 내는 곳은 한 군데밖에 없다네."

호텔의 식탁은 희고 청결하다. 꽃묶음이 놓이고 상 옆에 등대하고 섰는 깨끗한 여급사 ——이건 또 하나의 덤이요 우수리인 꽃이다. 알맞은 절차와 예의 ——이건 일요일의 또 하나의 덤이요 우수리인 행복이다.

포도주와 빵과 —— 이 두 가지의 만찬의 원소 위에 수프와 고기와 과실과 차가 더함은 열두 제자의 절도 위에 현대의 행복을 더함이다. 준보들은 확실히 옛사람들의 희생의 행복보다도 현대적인 문화의 혜택 속에 사는 보다 행복된 후손들이다. 오늘 일요일의 행복은 호텔의 식탁에서 그 마지막 봉우리에 다다른 셈이다. 오찬으로는 늦을 정도의 이른 만찬의 식탁에서 그 차려진 반날의 절차를 준보는 즐겁게 생각하는 것이었다. 자주 거리에 나오지 않는 그에게 사실 그 하루는 특별히 신선한 인상과 즐거운 감동을 주라고 마련된 것과도 같았다.

"빵과 포도주로 예수의 살과 피를 상징할 줄만을 알았지 옛사람들은 빠터로 지방과 비계를 상징할 줄은 몰랐나부지, 활동의 연료요 원동

력인 비계를. 난 빠터를 먹을 때같이 행복을 느끼는 때는 없네. 구라파 문명의 진짜 맛이 여기에 있단말야."

동무도 그 날의 만찬에는 적이 만족해하는 눈치였다. 소태를 씹어 머금은 것같이 일상 쓴 표정을 하고 있는 시니컬한* 그 동무로서는 가장 솔직한 고백이었다. 세상의 어둠 속밖에는 보고 살아오지 못한 듯한 그에게까지 일요일의 행복을 나눈 것이 준보의 만족을 두 겹으로 더했다.

"행복이라는 건 —— 아무렴 빠터를 먹을 때 자네 얼굴의 주름살이 펴지는 걸 보면 사실 행복이라는 건 바로 그것인가 하네."

"사탕을 먹을 때의 어린애의 표정을 주의해 본 일이 있나. 그것이 행복의 표정이라는 것일세."

"우유를 입 안에 가뜩 머금을 때 —— 모차르트의 소나타를 들을 때 —— 하늘의 비늘구름을 우러러볼 때 —— 아름다운 이의 시선을 받을 때 —— 청받은 소설 원고를 다 썼을 때 —— 이런 것이 행복이라면 난 어느 날보다도 오늘 그 모든 행복을 한꺼번에 맛본 듯두 하네."

"개혁가가 단두대에 오를 때 —— 예수가 십자가에 오를 때 —— 그런 것은 행복이 아닐까?"

"맙소서. 오늘은 땅 위의 행복을 말하는 날이네. 정신주의자들의 가시덤불의 행복은 내 알 바 아니야."

"아름다운 것을 잃을 때는 불행 —— 나두 사실 반생 동안 그 수많은 불행으로 얼굴의 표정까지 이렇게 되고 말았네만 오늘 자네의 이런 행복의 날에도 내겐 또 한 가지 불행이 기다리구 있다네."

동무는 식탁의 행복에서 문득 그 날의 현실로 돌아가면서 소태를 씹어머금은 것 같은 일상의 쓴 표정을 회복했다.

"죽음을 당할 때같이 맘 성가신 노릇은 없는데, 왜 사람과 함께 죽음

---

* 시니컬(cynical)하다 냉소적(쌀쌀한 태도로 비웃는 것)이거나 그런 태도가 있다.

이 마련됐는지 모를 노릇이야. 난 오늘 죽음을 기다리구 있다네. 좀 이따가 내게로 올 죽음을 맞이해야 된단말야."

"기어쿠 자넨 나까지 불행 속으로 끌고 들어가고야 말 작정인가? 왜 하필 오늘 이 식탁에서 그런 불길한 소리를 해야 한단 말인가? 주, 죽음이라니 무슨 죽음을 맞이한단 말인가?"

준보는 찻숟가락을 접시 위에 내던지면서 적잖이 불유쾌한 어조였다. 하루의 행복이 동무의 그 한 마디로 금세 사라지는 것과도 같았다. 사랑의 소설을 끝마치고 거리의 행복에 잠겼던 그의 마음에 다시 우울의 그림자가 덮치기 시작했던 것이다. 가혹한 운명의 장난같이 그것은 모르는 결에 왔다.

"연이라면 자네두 암직한 미인으로 이름 높은 음악가가 있잖았나? 동경서 돌연히 세상을 떠나서 그 주검이 오늘 이 곳에 도착된다네. 나두 그것을 맞으러 나가야 할 사람의 하나란말야."

연을 사모해서 동경으로 유학을 떠난 사람은 열 손가락에도 남았다. 연은 땅 위의 태양이었다. 가까이 가서는 스스로 몸을 태워 버리는 것이 사람들의 작정된 운명이었다. 수많은 희생을 요구한 태양은 스스로 자멸할 때가 왔던 것이다. 아름다운 것은 꺼지는 법—— 꺼지는 것만을 아름다운 것으로 작정해 놓은 쥬스의 당초부터의 법칙이었던 것이다.

동무도 연을 사모해 온 사람들 중의 하나였던가, 혹은 자진하고 혹은 실성해지고 혹은 도망가고 한 중에서 동무는 그 태양체를 멀리다 두고 오로지 한 줄기의 고요한 심회를 돋구어 온 것이었을까? 그는 주검을 맞이하라 함을 고요히 말하면서 그것이 도착하기까지의 시간을 호텔에서 준보와 같이 지우고 있는 것이다. 그의 슬픔도 그와 같이 고요한 것이었던가.

"앞으로 몇 시간만 있으면 아름다운 주검을 실은 검은 수레가 바로 이 앞길을 고요히 지낼 테구, 나두 그 뒤를 따르는 한 사람이 될 것일세."

"자넨 결국 자네 할 말을 다한 셈이지. 나의 오늘 하루를 완전히 밟아 버리구 부셔 놓았단 말이지. 하필 자네를 고른 것이 오늘의 내 불찰 이구 불행이었네. 어서 주검이든지 무엇이든지 맞으러 가게나. 자, 오늘 자네와는 작별이네. 행복의 파괴자 불길한 그림자."

준보는 동무를 버려둔 채 횡하니 호텔을 나섰다. 흡사 뒤를 쫓는 불 행의 마수에서 몸을 빼치려고 하는 것과 같은 시늉이었다. 식탁 위의 진미도 꽃도 여급사도 등 뒤에 멀어졌다. 동무가 말한 몇 시간 후에 그 앞길을 지날 검은 수레가 눈앞에 보여오는 것 같아서 몸서리를 치면서 호텔 앞을 잰 걸음으로 떠났다.

가버린 아내의 기억이 새삼스럽게 마음을 점령하기 시작하면서 그 하루의 거리의 현실은 벌써 먼 옛일같이 멀어져 가는 것이었다. 가장 아픈 상처인 아내의 기억을 들치는 것같이 무서운 노릇은 없어서 일상 에 조심하고 주의해 오던 것이 그 우연한 시간에 동무의 말로 말미암아 다시 소생될 때 마음은 도로 저리기 시작했다. 저리기 시작하는 마음에 즐겁던 하루의 인상은 종적 없이 사라져 가는 것이었다. 만찬의 기쁨도 음악의 신비도 백화점의 관능도 꽃묶음의 사치도 한꺼번에 줄달음질 치면서 비누거품같이도 허무하게 꺼져 버리는 것이었다.

두 달 장간을 병석에 누웠던 아내는 마지막 시기에는 병원 침대에서 호흡조차 곤란해 갔다. 산소 탱크를 여러 통씩 침대맡에 세우고 그 신 선한 기체를 호흡시킨다고 했댔자 단 돌에 한 방울 물만큼의 효과도 없 었다.

가슴을 뜯으며 안타까워하는 동안에 육체의 조직은 각각으로 변해 갔다. 운명한 후 육체는 한때 말간 밀같이 참으로 아름다웠다. 초조도 괴롬도 불안도 없이 고요한 안식이었다.

그것이 죽음이라는 것이었다. 영혼은 금세 어디로 도망해 버렸는지 남겨진 육체만이 흰 관 속에서 어두운 무덤 속에서 영원한 절대의 어둠 속에서 차차 해체되고 분해될 것을 생각할 때 준보는 무딘 쇠몽둥이로 오장육부를 푹푹 찔리는 것 같아서 그 아프고 마비된 감각 속에서는 아무것도 헤아릴 수가 없었다.

왜 그런 마련인구? 생명과 함께 왜 반드시 죽음이 있어야 하는구? 그 허무한 죽음 앞에서 이 현실이란 대체 무엇인구? 현실과 죽음과 어느 편이 참이구 어느 편이 거짓인구? 아무것도 알 수가 없었다. 진정으로 라사로의 기적을 믿어 보려고 아내의 차디찬 몸 앞에 우두커니 앉아 보았으나 참혹하게도 가혹하게도 기적은 종시 일어나지 않았다. 어두운 날을 둘러싸고 일월성신*의 운행만이 전날과 같이 계속될 뿐이었다. 발버둥을 치고 통곡을 해 보아야 까딱 동하지 않는 무심하고 냉정한 우주의 운행이었다.

이 때부터 준보에게는 우주의 운행에 대한 커다란 불신이 생기기 시작했으나 너무도 위대한 우주의 의지 앞에 그 불신쯤은 아무 주장도 가지지 못하는 하잘것없는 것이었다. 그러면 그럴수록 한 줄기의 회의는 여전히 날카롭게 솟아올랐다.

아내는 대체 어디로 간 것일까? 아내와 동무의 애인 연이와 그들 이전에 현실을 버린 수많은 영혼들은 대체 어디로 간 것일까? 그들만이 꾸미고 있는 또 하나의 세상이라는 것이 있지 않을까? 이 현실의 등 뒤에 커다란 제이 세계라는 것을 생각하는 것이 왜 그른 것일까? 그렇다면 현실의 세계는 그 제이 세계의 단순한 껍질에 지나지 않는 것일까? 지금 가령 지구의 표피를 한 꺼풀 살며시 벗겨서 드러내 버린다면 그 뒤에 무엇이 남을 것인가?

광막한 황무지에 여전히 사랑이며 야심이며 만족이며 행복이며 하는

---

*일월성신(日月星辰) 해와 달과 별.

것이 남을 것인가? 잔칫날같이 번화한 거리의 행복이 —— 꽃묶음이, 백화점의 관능이, 음악의 신비가, 만찬의 기쁨이 남을 것인가? 그렇다면 이런 것들은 대체 무엇 하자는 것인가? 얼마나 허무하고 하잘것없는 것인가? 지구의 제전은 허공 위에 널쪽을 깔고 그 위에서 위태한 춤을 추는 광대의 놀음과 무엇이 다르단 말인가? 인생이란 너무도 속절없고 어처구니없고 야속한 것이다. 무엇을 믿고 무엇에 의지하고 무엇을 위해서 살아갈 수 있으며 살아가야 할 것이랴!

준보는 사실 아내와 함께 자기도 세상을 버렸으면 하고 생각해 본 적이 한두 번이 아니었다. 사랑 없는 생활은 너무도 견디기 어려운 것이었고 고독은 엄청나게 정신을 메말리는 것이었다. 고독은 사람을 귀족으로 만드는 것이 아니라 거지로 만들었다. 쓸쓸하고 초라한 거지의 신세로 살아서는 무슨 일을 칠 수 있을까 생각되었다.

잠들 때에나 잠을 깰 때 눈물이 자꾸만 줄줄 흘러서 베개를 적시는 것은 세상에서 단 한 사람 자기 혼자만이 아는 노릇이었다. 목청을 놓아서 울래도 넉넉히 울 수 있는 노릇이었다. 우유를 따뜻하게 데울 때에나 커피 냄새를 맡을 때 문득 아내의 생각이 나면서 목이 막혀 느끼곤 한다. 다시 두 번 결코 해도 달도 볼 수 없는 아내의 처지를 생각할 때 지구가 여전히 돌고 세상일이 여전히 진행되어 나가는 것이 알 수 없는 노릇이었다. 불측하고 교만하고 이상스런 일이었다.

가는 날 오는 날 아내가 부활되는 기적은 일어나지 않고 막막한 고독만이 허무한 운행만이 남을 뿐이었다.

이 날은 또 하루 그런 쓰라린 적막심을 품고 준보는 집으로 향하게 되었다. 모처럼 즐겁게 시작된 날이 우연한 실마리로 인해 불행한 추억 속으로 뒷걸음질쳐서 들어가서 일껏 느끼기 시작한 행복감이 산산이 부서져 버렸다.

이제 되걸어 나가는 거리는 몇 시간 전 들어올 때와는 판이한 인상을 가지고 비치기 시작했다.

아내의 추억과 연이의 죽음 앞에서 거리는 응당 엄숙하고 경건해야 할 것이다. 잔치가 끝난 뒷마당 가의 너저분히 어지러운 행길은 허분허분하고 쓸쓸하다. 이 거리의 껍질을 다시 한 꺼풀 살며시 벗겨 놓는다면 참으로 얼마나 더 쓸쓸할 것인가. 준보는 마음 속으로 그 쓸쓸함을 족히 느끼는 것이었다.

찻속 사람들은 화장이 지워지고 웃음을 잃었고 포도 위 걸음에는 어딘지 없이 풀이 빠져 보인다. 하늘은 흐려 눈이라도 내릴 듯 어둡고 답답하다 —— 일요일의 오전과 오후는 성격이 이렇게도 달라졌다. 사랑의 소설로 시작된 오전은 우울한 불행의 오후로써 끝나라는 것이었다.

밤은 조용하고 괴괴하다.

준보는 방에 불을 지피고 아이들을 데리고 책상 앞에 앉았다.

마루방 난로에 불을 피우고 음악을 들릴까 하다가 별안간 기온이 내리며 방이 추워질 것 같아서 온돌에 불을 때기로 했다.

따뜻한 방바닥에 몸을 붙이고 어린것들과 동무하고 앉으니 평화로운 마음에 한 줄기 고요한 빛이 솟기 시작했다. 예측하지 않았던 이것은 또 하나의 다른 행복이었다.

풍로에 우유를 끓여서 설탕을 넣고 어린것이 그것을 입 안에 머금은 그 행복스런 표정을 살피노라니 준보의 마음에도 점점 그 따뜻한 감정이 옮아 오기 시작했다.

아이들은 신통하게도 간 엄마를 찾아서 보채지 않는 것이 준보에게는 큰 도움이었다. 준보는 도리어 자기가 눈물을 흘리게 될 때 아이들에게 들킬까 겁이 나서 외면하고 살며시 눈을 훔치고 한숨을 죽이는 때가 많았다.

우유들을 마시고 나더니 그림책을 들척거리고 색종이와 가위를 내서 수공을 시작하고 하는 것이었다.

밝은 등불 아래에서 재깔거리는 그 무심한 양을 바라보면서 책상 앞에 우두커니 앉아 있는 준보에게는 낮에 거리에서 느낀 것과는 또 다른 행복감이 유연히 솟아올랐다.

어른의 세상의 행복이 아니라 아이들 세상의 행복이었다. 어린 혼들의 자라가는 기쁨을 바라보는 데서 오는 맑은 행복감이었다. 어느 결엔지 마음이 따뜻하게 녹아지면서 차차 그 어린 세상 속에 화해 들어감을 느꼈다.

"옳지 이것을 쓰자, 아이들의 소설을 쓰자. 어린것들의 자라는 양을 그리자!"

책상 위에는 원고지와 펜이 놓였다. 때묻지 않은 하아얀 원고지가 등불을 받아 눈같이 희고 눈부시다.

그 깨끗한 처녀지 위에 적을 어린 소설을 생각하면서 준보의 심경도 그 종이와 같이 맑아 갔다.

"일요일의 임무는 또 한 가지 남았던 것이다 —— 어린 세상을 그리는 것이다. 인류에 희망을 두고 다른 행복을 약속할 것이다."

아침에 사랑의 소설을 쓴 준보는 이제 또 다른 행복을 인류에게 선사하려고 잉크병 속에 펜을 담뿍 담았다. 흰 원고지 위에 까맣게 적힐 이야기를 기대하면서 등불은 교교히* 빛나고 있다.

조용한 밤 적막 속에 어린것들의 재깔거리는 소리만이 동화 속에서 나 우러나오는 듯 영롱하게 울리는 것이었다.

＊교교(皎皎)하다 ① 썩 맑고 밝다. ② 희고 깨끗하다.

부록

작가와 작품 스터디

● 이효석 (1907~1942, 호는 가산)

강원도 평창에서 태어났으며, 경성 제일 고보를 거쳐 경성 제대 영문과를 졸업했다. 1925년 〈매일 신보〉에 시 〈봄〉이 당선되었으며, 1928년에 노동자의 생활을 그린 단편 소설 〈도시와 유령〉을 〈조선지광〉에 발표하면서 본격적인 작품 활동을 시작했다. 이 무렵에는 선배인 유진오와 함께 동반 작가로 활동했다.

어려운 가정 형편으로 조선 총독부 검열계에 취직했으나 주위 사람들의 비난을 견디지 못하고 그만둔 뒤, 경성으로 내려가 농업 학교의 영어 교사로 취직했다. 이 때부터 글을 쓰는 일에 전념하여 1940년까지 해마다 10여 편에 이르는 소설을 발표했다.

작품 활동 초기에는 경향성이 짙은 〈노령 근해〉, 〈상륙〉과 같은 작품들을 발표하였으나, 서서히 작품의 성격을 달리하여 〈돈〉, 〈수탉〉과 같은 순수 문학을 선보였다. 그러다가 1933년 구인회에 가입한 이후 본격적으로 순수 문학을 추구했다.

이듬해 평양 숭실전문학교 교수로 전임한 뒤 의욕적으로 창작 활동을 하여 〈메밀꽃 필 무렵〉, 〈장미 병들다〉, 〈화분〉 등 향토성이 짙고 인간의 본능을 다룬 작품을 많이 발표했다.

1940년에 아내가 죽고 세살 난 아들마저 잃은 뒤 시름을 떨쳐 버리고자 중국과 만주 등지로 방황하였다. 이듬해 귀국하였으나 건강을 제대로 돌보지 못한 탓에 뇌막염에 걸려, 1942년 언어 불능과 의식 불명 상태에서 36세의 나이로 요절하였다.

주요 작품으로는 〈분녀〉, 〈메밀꽃 필 무렵〉, 〈낙엽을 태우면서〉, 〈장미 병들다〉, 〈화분〉, 〈벽공무한〉 등이 있다.

● **분녀**   어느 날 밤 분녀는 명준에게 겁탈을 당하지만 명준은 금광을 찾아 떠나 버리고 다시 옷감 장사를 하는 만갑이에게 겁탈을 당한다. 만갑이는 차츰 분녀에게 싫증을 느끼고, 분녀는 만갑이처럼 변장한 천수에게 또 다시 겁탈당한다. 무엇에 홀린 듯 중국인 왕가와도 관계를 맺게 된 분녀는 서서히 부끄러움을 잊어 간다. 그러던 차에 감옥에 갔던 상구가 나와 그에게 몸을 맡기지만 분녀의 행실을 알게 된 상구는 떠나고 어머니까지 분녀의 소문을 듣고는 마구 때린다. 그러다 명준이 다시 나타나고 분녀는 명준이와 평생 같이 하여 볼까 생각해 본다.

● **산**   머슴 노릇을 하며 살던 중실은 주인 영감에게 첩과 놀아났다는 누명을 쓰고 한 푼도 못 받은 채로 쫓겨난다. 억울하기는 하였지만 사람들이 귀찮아진 중실은 가끔 나무를 하러 가곤 했던 산으로 들어간다. 나무를 팔아 필요한 것을 사고 산에서 나는 열매를 따 먹으며, 산 생활도 할 만하다고 생각한 중실은 문득 색시 욕심이 생긴다. 마을의 용녀를 데려다 아이도 낳고 오손도손 살고 싶다고 생각하던 중실은 밤 하늘의 별을 보며 스스로 별이 되는 것을 느낀다.

● **도시와 유령**   '나'는 공사장에서 미장이로 일하면서 하루하루 살아가는 사람이다. 어느 날 일을 마치고 얼큰하게 술이 들자 김 서방과 함께 노숙을 할 요량으로 잠자리를 찾던 중 동묘 안으로 들어갔다. 어쩐지 으시시한 기분에 머리끝이 쭈뼛하던 차에 갑자기 두 개의 불덩이가 번쩍거렸다. 처음엔 개똥불인 줄 알았으나 그것도 아니었다. '나'와 김 서방은 깜짝 놀라 그 자리를 도망쳐 나왔다. 다음 날 도깨비를 만난 이야기를 하자 박 서방은 그런 도깨비들이 넘쳐난다고 말해 준다. 밤에 다시 동묘를 찾아간 '나'는 어제 본 불이 사실은 얼마 전 차에 치여 다리를 잘린 거지 모자가 켠 성냥불이었다는 사실을 알게 된다. '나'는 주머니에 있는 돈을 모두 주고는 눈물을 흘리면서 그 곳을 나온다.

〈분녀〉의 한 대목입니다. 제시문을 읽고 다음 문제에 답하시오.
[문항 1]

허랑한 몸으로 상구를 어찌 대하노? 그렇다고 그를 당장에 단념할 신세도
못 되고, 지은 죄를 쏟아 놓고 울고 뛸 수는 더욱 없는 것이다.
생각과 겁과 부끄러움에 분녀는 정신이 섞갈린다.
(중략)
생각하기도 부끄러운 일이나 사실 왕가는 특별한 인간이었다. 사내 이상
의 것이라고 할까! 그로 말미암아 분녀는 완전히 눈을 뜨게 된 것이다.

(1) 분녀는 명준이에게 뜻하게 않게 겁탈을 당했을 때는 부끄럽고 수치스러
움을 느꼈지만 여러 남자를 만나면서 점점 부끄러움을 잊어 갑니다. 분녀의 행
동을 보고 어떤 생각이 들었는지 서술해 봅시다.

----

(2) 작가는 분녀의 행동을 통해 윤리 의식을 상실해 가는 인간의 모습을 비
판하고 있습니다. 내가 만약 작가라면 인간이 가져야 할 윤리 의식 중에서 어
떤 것을 특히 강조하고 싶은지, 타당한 이유를 들어 서술해 봅시다.

〈산〉의 두 대목입니다. 제시문을 읽고 다음 문제에 답하시오.

[문항 2]

> 돌을 집어던지면 깨금알같이 오드득 깨어질 듯한 맑은 하늘! 물고기 등같이 푸르다. 높게 뜬 조각구름 떼가 햇볕에 뿌려진 조개 껍질같이 유난스럽게도 한편에 옹졸봉졸 몰려들었다. (중략)
> 산 속의 아침 나절은 졸고 있는 짐승같이 막막은 하나 숨결이 은근하다. 휘엿한 산등은 누워 있는 황소의 등허리요, 바람결도 없는데 쉴새없이 파르르 나부끼는 사시나무 잎새는 산의 숨소리다. 첫눈에 띄는 하얗게 분장한 자작나무는 산 속의 일색. 아무리 단장한대야 사람의 살결이 그렇게 흴 수 있을까?

> 개울가에 불을 피우고 밭에서 뜯어 온 옥수수 이삭을 구웠다. 수풀 속에서 찾은 으름과 나뭇가지에 익어 시든 아그배와 산사로 배가 불렀다. 나뭇잎을 모아 그 속에 푹 파고든 잠자리도 그다지 춥지는 않았다.

(1) 첫번째 대목에서 볼 수 있듯이 작가는 산을 풍요롭고 아름다운 곳으로 묘사하고 있습니다. 이처럼 산을 서정적으로 표현한 까닭은 무엇일까요? 이 작품의 주제와 연관해서 생각해 봅시다.

----

(2) 만약 중실의 입장이라면 두 번째 대목과 같은 생활을 하며 살 수 있을까요? 중실이와 같은 상황에 처했을 때 자신의 행동을 생각해 봅시다.

〈일표의 공능〉의 두 대목입니다. 제시문을 읽고 다음 문제에 답하시오.

[문항 3]

> "—— 자네 보낸 그 야단스런 포부도 읽구 계획두 들었네만 —— 초등 교
> 육 문제니 인도교 가설 문제니 위생 시설 문제니 그것이 왜 내겐 그림 엽서
> 나 포스터 속의 빛 낡은 선전문같이만 보이는지 모르겠네. 좀더 알뜰히 생
> 각해 보려두 맘이 자꾸 빗나간단 말야. 확실히 필요한 조목인데두 —— 자
> 네들의 실력을 얕잡아보는지는 모르겠으나."

> "건도를 떨어뜨려 동경으로 떠나 보낸 것이 바로 나야."
> "승낙하신 한 표를 주시지 않았단 말인가요?"
> "왜 주기야 줬지. 그러나 건도를 쓰지 않았어."
> "어쩌나."
> "이름을 안 쓰고 장난을 쳤어. 투표지에다 작대기를 죽 내려그었어."

(1) 첫번째 대목은 부회 의원에 출마한 건도의 공약에 대해 '나'의 솔직한
느낌을 말하는 부분입니다. '나'가 그렇게 느낀 이유는 무엇인지 본문을 참고
하면서 서술해 봅시다.

----

(2) 두 번째 대목을 통해 '나'로 인해 건도가 탈락했음을 알 수 있습니다. 만
약 '나'가 건도에게 표를 주었다면 건도는 어떻게 되었을지 생각해 봅시다.

〈도시와 유령〉의 한 대목입니다. 제시문을 읽고 다음 문제에 답하시오.

[문항 4]

> 거기에 흔히 나타나는 유령이 적어도 문명의 도시인 서울에 오히려 꺼림없이 나타나고 또 서울이 나날이 커 가고 번창하여 가면 갈수록 유령도 거기에 정비례하여 점점 늘어 가니 이게 무슨 뼈저린 현상이냐! 그리고 그 얼마나 비논리적 마술적 알지 못할 사실이냐! 맹랑하고도 기막힌 일이다. 두말할 것 없이 이런 비논리적 유령은 결코 있어서는 안 될 것이다.
>
> 그러면 어떻게 하면 이 유령을 늘어 가지 못하게 하고 아니 근본적으로 생기지 못하게 할 것인가?
>
> 현명한 독자여! 무엇을 주저하는가. 이 중하고도 큰 문제는 독자의 지각과 지혜와 힘을 기다리고 있지 않은가!

(1) 윗대목에서 작가는 독자로 하여금 문제를 해결할 지혜와 힘을 요구하고 있습니다. 우리 나라는 지금도 많은 노숙자들이 있는데, 이들을 위한 근본적인 대책으로 무엇을 해야 할지 생각해 봅시다.

----

(2) 이 작품은 문명 사회의 모순에 대한 강한 비판이 담겨 있습니다. 문명 사회가 나아갈 발전적인 모습에 대한 자신의 생각을 서술해 봅시다.

〈베스트 논술 한국대표문학〉(전60권) 목록

권별	작품	작가
1	무정 I	이광수
2	무정 II	이광수
3	무명 · 꿈 · 옥수수 · 할멈	이광수
4	감자 · 시골 황 서방 · 광화사 · 붉은 산 · 김연실전 외	김동인
5	발가락이 닮았다 · 왕부의 낙조 · 전제자 · 명문 외	김동인
6	배따라기 · 약한 자의 슬픔 · 광염 소나타 외	김동인
7	B사감과 러브레터 · 서투른 도적 · 술 권하는 사회 · 빈처 외	현진건
8	운수 좋은 날 · 까막잡기 · 연애의 청산 · 정조와 약가 외	현진건
9	벙어리 삼룡이 · 뽕 · 젊은이의 시절 · 행랑 자식 외	나도향
10	물레방아 · 꿈 · 계집 하인 · 별을 안거든 우지나 말 걸 외	나도향
11	상록수 I	심훈
12	상록수 II	심훈
13	탈춤 · 황공의 최후 / 적빈 · 꺼래이 · 혼명에서 외	심훈 / 백신애
14	태평 천하	채만식
15	레디메이드 인생 · 순공 있는 일요일 · 쑥국새 외	채만식
16	명일 · 미스터 방 · 민족의 죄인 · 병이 낫거든 외	채만식
17	동백꽃 · 산골 나그네 · 노다지 · 총각과 맹꽁이 외	김유정
18	금 따는 콩밭 · 봄봄 · 따라지 · 소낙비 · 만무방 외	김유정
19	백치 아다다 · 마부 · 병풍에 그린 닭이 · 신기루 외	계용묵
20	표본실의 청개구리 · 두 파산 · 이사 외 / 모범 경작생	염상섭 / 박영준
21	탈출기 · 홍염 · 고국 · 그믐밤 · 폭군 · 박돌의 죽음 외	최서해
22	메밀꽃 필 무렵 · 낙엽기 · 돈 · 석류 · 들 · 수탉 외	이효석
23	분녀 · 개살구 · 산 · 오리온과 능금 · 가을과 산양 외	이효석
24	무녀도 · 역마 · 까치 소리 · 화랑의 후예 · 등신불 외	김동리
25	하수도 공사 / 지맥 / 그 날의 햇빛은 · 갈가마귀 그 소리	박화성 / 최정희 / 손소희
26	지하촌 · 소금 · 원고료 이백 원 외 / 경희	강경애 / 나혜석
27	제3인간형 / 제일과 제일장 외 / 사랑 손님과 어머니 외	안수길 / 이무영 / 주요섭
28	날개 · 오감도 · 지주 회시 · 환시기 · 실화 · 권태 외	이상
29	봉별기 · 종생기 · 조춘점묘 · 지도의 암실 · 추등잡필	이상
30	화수분 외 / 김 강사와 T교수 · 창랑 정기 / 성황당	전영택 / 유진오 / 정비석

권별	작품	작가
31	민촌 / 해방 전후 · 달밤 외 / 과도기 · 강아지	이기영 / 이태준 / 한설야
32	소설가 구보씨의 일일 / 장삼이사 · 비오는 길 / 석공 조합 대표 / 낙동강 · 농촌 사람들 · 저기압	박태원 / 최명익 / 송영 / 조명희
33	모래톱 이야기 · 사하촌 외 / 갯마을 / 혈맥 / 전황당인보기	김정한 / 오영수 / 김영수 / 정한숙
34	바비도 외 / 요한 시집 / 젊은 느티나무 외 / 실비명 외	김성한 / 장용학 / 강신재 / 김이석
35	잉여 인간 / 불꽃 / 꺼삐딴 리 · 사수 / 연기된 재판	손창섭 / 선우휘 / 전광용 / 유주현
36	탈향 외 / 수난 이대 외 / 유예 / 오발탄 외 / 4월의 끝	이호철/ 하근찬/ 오상원/ 이범선/ 한수산
37	총독의 소리 / 유형의 땅 / 세례 요한의 돌	최인훈 / 조정래 / 정을병
38	어둠의 혼 / 개미귀신 / 무진 기행 · 서울 1964년 겨울 외	김원일 / 이외수 / 김승옥
39	뫼비우스의 띠 / 악령 / 식구 / 관촌 수필 / 기억 속의 들꽃 / 젊은 날의 초상	조세희 / 김주영 / 박범신 / 이문구 / 윤흥길 / 이문열
40	김소월 시집	김소월
41	윤동주 시집	윤동주
42	한용운 시집	한용운
43	한국 고전 시가와 수필	유리왕 외
44	한국 대표 수필선	김진섭 외
45	한국 대표 시조선	이규보 외
46	한국 대표 시선	최남선 외
47	혈의 누 · 모란봉	이인직
48	귀의 성	이인직
49	금수 회의록 · 공진회 / 추월색	안국선 / 최찬식
50	자유종 · 구마검 / 애국부인전 / 꿈하늘	이해조 / 장지연 / 신채호
51	삼국유사	일연
52	금오신화 / 홍길동전 / 임진록	김시습 / 허균 / 작자 미상
53	인현왕후전 / 계축일기	작자 미상
54	난중일기	이순신
55	흥부전 / 장화홍련전 / 토끼전 / 배비장전	작자 미상
56	춘향전 / 심청전 / 박씨전	작자 미상
57	구운몽 · 사씨 남정기	김만중
58	한중록	혜경궁 홍씨
59	열하일기	박지원
60	목민심서	정약용

〈베스트 논술 한국대표문학〉에 실린 소설과 교과서 대조표

* 〈베스트 논술 한국대표문학〉에 실린 소설과 현행 국어·문학 18종 교과서의 수록 내용을 비교·분석하였다.

● 초등 학교 교과서(국어)

금오신화, 구운몽, 심청전,
흥부전, 토끼전, 박씨전,
장화홍련전, 홍길동전

● 국정 교과서

작품	작가	교과목
고향	현진건	고등 학교 문법
동백꽃	김유정	중학교 국어 2-1, 중학교 국어 3-1
벙어리 삼룡이	나도향	중학교 국어 1-1
봄봄	김유정	고등 학교 국어(상)
사랑 손님과 어머니	주요섭	중학교 국어 2-1
오발탄	이범선	중학교 국어 3-1
운수 좋은 날	현진건	중학교 국어 3-1

● 고등 학교 문학 교과서

작품	작품	출판사
감자	김동인	교학, 지학, 디딤돌, 상문
갯마을	오영수	문원, 형설
고향	현진건	두산, 지학, 청문, 중앙, 교학, 문원, 민중, 블랙, 디딤돌
관촌 수필	이문구	지학, 문원, 블랙
광염 소나타	김동인	천재, 태성

금 따는 콩밭	김유정	중앙
금수회의록	안국선	지학, 문원, 블랙, 교학, 대한, 태성, 청문, 디딤돌
김 강사와 T교수	유진오	중앙
까마귀	이태준	민중
꺼삐딴 리	전광용	지학, 중앙, 두산, 블랙, 디딤돌, 천재, 케이스
날개	이상	문원, 교학, 중앙, 민중, 천재, 형설, 청문, 태성, 케이스
논 이야기	채만식	두산, 상문, 중앙, 교학
닳아지는 살들	이호철	천재, 청문
동백꽃	김유정	금성, 두산, 블랙, 교학, 상문, 중앙, 지학, 태성, 형설, 디딤돌, 케이스
두 파산	염상섭	문원, 상문, 천재, 교학
등신불	김동리	중앙, 두산
만무방	김유정	민중, 천재, 두산
메밀꽃 필 무렵	이효석	금성, 상문, 중앙, 교학, 문원, 민중, 블랙, 디딤돌, 지학, 청문, 천재, 케이스
모래톱 이야기	김정한	디딤돌, 교학, 문원
모범경작생	박영준	중앙
뫼비우스의 띠	조세희	두산, 블랙
무녀도	김동리	천재, 지학, 청문, 금성, 문원, 민중, 케이스

작품	작가	출판사
무정	이광수	디딤돌, 금성, 두산, 교학, 한교
무진기행	김승옥	두산, 천재, 태성, 교학, 문원, 민중, 케이스
바비도	김성한	민중, 상문
배따라기	김동인	상문, 형설, 중앙
벙어리 삼룡이	나도향	민중
복덕방	이태준	블랙, 교학
봄봄	김유정	디딤돌, 문원
붉은 산	김동인	중앙
B사감과 러브레터	현진건	교학
사랑 손님과 어머니	주요섭	중앙, 디딤돌, 민중, 상문
사수	전광용	두산
사하촌	김정한	중앙, 문원, 민중
산	이효석	문원, 형설
서울, 1964년 겨울	김승옥	문원, 블랙, 천재, 교학, 지학, 중앙
성황당	정비석	형설
소설가 구보씨의 일일	박태원	중앙, 천재, 교학, 대한, 형설, 문원, 민중
수난 이대	하근찬	교학, 지학, 중앙, 문원, 민중, 디딤돌, 케이스
애국부인전	장지연	지학, 한교
어둠의 혼	김원일	천재
역마	김동리	교학, 두산, 천재, 태성, 형설, 상문, 디딤돌

역사	김승옥	중앙
오발탄	이범선	교학, 중앙, 금성, 두산
요한 시집	장용학	교학
운수 좋은 날	현진건	금성, 문원, 천재, 지학, 민중, 두산, 디딤돌, 케이스
유예	오상원	블랙, 천재, 중앙, 교학, 디딤돌, 민중
자유종	이해조	지학, 한교
장삼이사	최명익	천재
전황당인보기	정한숙	중앙
젊은 날의 초상	이문열	지학
젊은 느티나무	강신재	블랙, 중앙, 문원, 상문
제일과 제일장	이무영	중앙
치숙	채만식	문원, 청문, 중앙, 민중, 상문, 케이스
탈출기	최서해	형설, 두산, 민중
탈향	이호철	케이스
태평 천하	채만식	지학, 금성, 블랙, 교학, 형설, 태성, 디딤돌
표본실의 청개구리	염상섭	금성
학마을 사람들	이범선	민중
할머니의 죽음	현진건	중앙
해방 전후	이태준	천재
혈의 누	이인직	천재, 금성, 민중, 교학, 태성, 청문
홍염	최서해	상문, 지학, 금성, 두산, 케이스
화수분	전영택	태성, 중앙, 디딤돌, 블랙

〈베스트 논술 한국대표문학〉에 실린 시와 교과서 대조표

* 〈베스트 논술 한국대표문학〉에 실린 시와 현행 국어 · 문학 18종 교과서의 수록 내용을 비교 · 분석하였다.

작품	작가	출판사
가는 길	김소월	지학, 블랙, 민중
가을의 기도	김현승	블랙
겨울 바다	김남조	지학
고향	백석	형설
국경의 밤	김동환	지학, 천재, 금성, 블랙, 태성
국화 옆에서	서정주	민중
귀천	천상병	지학, 디딤돌
귀촉도	서정주	지학
그 날이 오면	심훈	지학, 블랙, 교학, 중앙
그대들 돌아오시니	정지용	두산
그 먼 나라를 알으십니까	신석정	교학, 대한
껍데기는 가라	신동엽	지학, 천재, 금성, 블랙, 교학, 한교, 상문, 형설, 청문
꽃	김춘수	금성, 문원, 교학, 중앙, 형설
끝없는 강물이 흐르네	김영랑	디딤, 교학
나그네	박목월	천재, 블랙, 중앙, 한교
나룻배와 행인	한용운	문원, 블랙, 대한, 형설
남신의주 유동 박시봉방	백석	지학, 두산, 상문

작품	작가	출판사
남으로 창을 내겠소	김상용	지학, 한교, 상문
내 마음은	김동명	중앙, 상문
내 마음을 아실 이	김영랑	한교
농무	신경림	지학, 디딤, 금성, 블랙, 교학, 형설, 청문
누가 하늘을 보았다 하는가	신동엽	두산
눈길	고은	문원
님의 침묵	한용운	지학, 천재, 두산, 교학, 민중, 한교, 태성, 디딤돌
떠나가는 배	박용철	지학, 한교
머슴 대길이	고은	디딤돌, 천재
먼 후일	김소월	청문
모란이 피기까지는	김영랑	지학, 천재, 금성, 형설
목계 장터	신경림	문원, 한교, 청문
목마와 숙녀	박인환	민중
바다와 나비	김기림	금성, 블랙, 한교, 대한, 형설
바위	유치환	금성, 문원, 중앙, 한교
별 헤는 밤	윤동주	문원, 민중
봄은 간다	김억	한교, 교학
봄은 고양이로다	이장희	블랙

작품	작가	출판사
불놀이	주요한	금성, 형설
빼앗긴 들에도 봄은 오는가	이상화	지학, 천재, 문원, 블랙, 디딤돌, 중앙
산 너머 남촌에는	김동환	천재, 블랙, 민중
산유화	김소월	두산, 민중
살아 있는 것이 있다면	박인환	대한, 교학
살아 있는 날은	이해인	교학
생명의 서	유치환	한교, 대한
샤갈의 마을에 내리는 눈	김춘수	지학, 블랙, 태성
서시	윤동주	디딤돌, 민중
설일	김남조	교학
성묘	고은	교학
성북동 비둘기	김광섭	지학
쉽게 씌어진 시	윤동주	지학, 디딤돌, 중앙
승무	조지훈	지학, 디딤돌, 금성
알 수 없어요	한용운	중앙, 대한
어서 너는 오너라	박두진	디딤돌, 금성, 한교, 교학
오감도	이상	디딤돌, 대한
와사등	김광균	민중
우리가 물이 되어	강은교	지학, 문원, 교학, 형설, 청문, 디딤돌
우리 오빠의 화로	임화	디딤돌, 대한
울음이 타는 가을 강	박재삼	지학, 교학
자수	허영자	교학

작품	작가	출판사
자화상	노천명	민중
절정	이육사	지학, 천재, 금성, 두산, 문원, 블랙, 교학, 태성, 청문, 디딤돌
접동새	김소월	교학, 한교
조그만 사랑 노래	황동규	문원, 중앙
즐거운 편지	황동규	지학, 형설, 청문
진달래꽃	김소월	천재, 태성
청노루	박목월	지학, 문원, 상문
초토의 시 8	구상	지학, 천재, 두산, 상문, 태성
초혼	김소월	디딤돌, 금성, 문원
타는 목마름으로	김지하	디딤돌, 금성, 문원, 민중
풀	김수영	지학, 금성, 민중, 한교, 태성
프란츠 카프카	오규원	천재, 태성
피아노	전봉건	태성
해	박두진	두산, 블랙, 민중, 형설
해에게서 소년에게	최남선	지학, 천재, 금성, 두산, 문원, 민중, 한교, 대한, 형설, 태성, 청문, 디딤돌
향수	정지용	지학, 문원, 블랙, 교학, 한교, 상문, 청문, 디딤돌

〈베스트 논술 한국대표문학〉에 실린 시조와 교과서 대조표

*〈베스트 논술 한국대표문학〉에 실린 시조와 현행 국어 · 문학 18종 교과서의 수록 내용을 비교 · 분석하였다.

작품	작가	출판사
가노라 삼각산아	김상헌	교학, 형설
가마귀 눈비 맞아	백팽년	교학
가마귀 싸우는 골에	정몽주 어머니	교학
강호 사시가	맹사성	디딤돌, 두산, 교학
고산구곡	이이	한교
공명을 즐겨 마라	김삼현	지학
구름이 무심탄 말이	이존오	천재
국화야 너난 어이	이정보	블랙
녹초 청강상에	서익	지학
농암가	이현보	민중
뉘라서 가마귀를	박효관	교학
님 그린 상사몽이	박효관	천재
대추볼 붉은 골에	황희	중앙
도산 십이곡	이황	디딤돌, 블랙, 민중, 형설, 태성
동짓달 기나긴 밤을	황진이	지학, 천재, 금성, 두산, 문원, 교학, 상문, 대한
마음이 어린후니	서경덕	지학, 금성, 블랙, 한교
말없는 청산이요	성혼	지학, 천재
방안에 혔는 촉불	이개	천재, 금성, 교학
백구야 말 물어보자	김천택	지학
백설이 자자진 골에	이색	지학
삭풍은 나무끝에	김종서	중앙, 형설
산촌에 눈이 오니	신흠	지학

작품	작가	출판사
삼동에 베옷 닙고	조식	지학, 형설
산인교 나린 물이	정도전	천재
수양산 바라보며	성삼문	천재, 교학
십년을 경영하여	송순	지학, 금성, 블랙, 중앙, 한교, 상문, 대한, 형설
어리고 성긴 매화	안민영	형설
어부사시사	윤선도	금성, 문원, 민중, 상문, 대한, 형설, 청문
오리의 짧은 다리	김구	청문
오백년 도읍지를	길재	블랙, 청문
오우가	윤선도	형설
이몸이 죽어가서	성삼문	지학, 두산, 민중, 대한, 형설
이시렴 부디 갈다	성종	지학
이화에 월백하고	이조년	디딤돌, 천재, 두산
이화우 흣뿌릴 제	계랑	한교
재너머 성권농 집에	정철	천재, 형설
천만리 머나먼 길에	왕방연	문원, 블랙
청산리 벽계수야	황진이	지학
추강에 밤이 드니	월산대군	천재, 금성, 민중
춘산에 눈녹인 바람	우탁	디딤돌
풍상이 섞어 친 날에	송순	지학, 청문
한손에 막대 잡고	우탁	금성
훈민가	정철	지학, 금성
흥망이 유수하니	원천석	천재, 중앙, 한교, 디딤돌, 대한

〈베스트 논술 한국대표문학〉에 실린 수필과 교과서 대조표

*〈베스트 논술 한국대표문학〉에 실린 수필과 현행 국어 · 문학 18종 교과서의 수록 내용을 비교 · 분석하였다.

작품	작가	출판사
가난한 날의 행복	김소운	천재
가람 일기	이병기	지학
구두	계용묵	디딤돌, 문원, 상문, 대한
그믐달	나도향	블랙, 태성
꼴찌에게 보내는 갈채	박완서	태성
나무	이양하	상문
나무의 위의	이양하	문원, 태성
낭객의 신년 만필	신채호	두산, 블랙, 한교
딸깍발이	이희승	지학, 디딤돌, 청문
멋없는 세상 멋있는 사람	김태길	중앙
무궁화	이양하	디딤돌
백설부	김진섭	지학, 천재, 형설, 태성, 청문
생활인의 철학	김진섭	지학, 태성
수필	피천득	지학, 천재, 한교, 태성, 청문
수학이 모르는 지혜	김형석	청문
슬픔에 관하여	유달영	문원, 중앙
웃음설	양주동	교학, 태성
은전 한 닢	피천득	금성, 대한
이야기	피천득	지학, 청문
인생의 묘미	김소운	지학
지조론	조지훈	블랙, 한교
청춘 예찬	민태원	금성, 블랙
특급품	김소운	교학
폭포와 분수	이어령	지학, 블랙
피딴 문답	김소운	디딤돌, 금성, 한교
행복의 메타포	안병욱	교학
헐려 짓는 광화문	설의식	두산

베스트 논술 한국대표문학 ㉓

분녀 외

지은이 이효석
펴낸이 류성관
펴낸곳 SR&B(새로본닷컴)
주 소 서울특별시 마포구 망원동 463-2번지
전 화 02)333-5413
팩 스 02)333-5418
등 록 제10-2307호
인 쇄 만리 인쇄사

＊잘못 만들어진 책은 바꾸어 드립니다.